W0279501

POURQUOI SONT-ILS ENTRÉS DANS L'HISTOIRE ?

Stéphane BERN

POURQUOI SONT-ILS ENTRÉS DANS L'HISTOIRE ?

Albin Michel

© Éditions Albin Michel, 2019

« Le nom grandit quand l'homme tombe. »

Victor Hugo

« À quoi reconnaît-on un personnage réussi ?
Quand son nom propre devient un nom commun. »

Frédéric Beigbeder

SOMMAIRE

La duchesse de Fontanges

Comment une simple favorite
a-t-elle marqué le monde de la coiffure ?

Si l'on ne voit plus de nos jours la coiffure à la Fontanges que dans certains magazines de mode, bien qu'ayant connu un véritable engouement sous Louis XIV, c'est parce qu'elle n'en reste pas moins l'un des apprêts les plus complexes à réaliser et à porter. Faites de mousseline, dentelles, rubans et fils de fer, elles nécessitent une technique et un temps de travail considérables. Les fontanges pouvaient s'élever à l'époque à des hauteurs telles que Saint-Simon disait qu'elles plaçaient le visage des femmes au milieu de leur corps. Quelles excentricités ne serait-on pas prêt à faire par amour ! Car la fontange est bel et bien née d'une histoire d'amour… entre une jolie noble et le Roi-Soleil.

Rien ne prédestinait Marie-Angélique de Scorailles, demoiselle de Fontanges, à inscrire son nom dans l'histoire. Née en 1661 dans une vieille famille noble d'Auvergne, la jeune fille est très tôt remarquée pour sa beauté. C'est ainsi qu'à l'âge de 17 ans, elle devient fille d'honneur de la princesse Palatine, la belle-sœur du roi. À cette époque, Louis XIV, âgé de 40 ans, commence à se lasser des caprices de sa vieille maîtresse, Madame de Montespan, jalouse de la gouvernante de leurs enfants, Madame de Maintenon.

La marquise de Montespan, cherchant à détourner l'attention du roi, place Angélique sous ses yeux. Pari plus que réussi ! Louis, subjugué par la jeune fille, la prend aussitôt pour maîtresse.

Cette dernière, réputée pour son charme, ne l'est pas moins pour sa naïveté. L'abbé de Choisy la qualifie d'ailleurs de « belle comme un ange, avec un cœur excellent, mais sotte comme un panier ». Reste que malgré sa prétendue sottise, le roi est amoureux. Il organise de somptueuses fêtes à sa gloire et fait même, dit-on, assortir ses tenues à celles de la jeune femme.

Cavalière émérite, la duchesse de Fontanges accompagne souvent Louis à la chasse. Au cours d'une de leurs chevauchées endiablées, elle fait tomber son chignon. Gênée par sa chevelure, elle arrache les rubans de sa jarretière pour attacher ses jolies boucles. Le roi est tellement charmé qu'il exige de sa jeune maîtresse qu'elle se coiffe ainsi chaque jour. Dès lors, les dames de la cour s'empressent de parer leurs cheveux de boucles et rubans « à la Fontanges ». Dans toute l'Europe, la mode est ainsi lancée.

Cette coiffure se complique par la suite, les courtisanes rivalisant d'exubérance. On la voit s'élever sur plusieurs étages, édifiée selon des logiques architecturales complexes : chaque ruban, pièce de métal, mèche de cheveux a une fonction et un nom propres (la « palissade », le « monte-là-haut », la « souris »...) ! Une mode dont Louis XIV déplore les excès et dont il se désintéresse... tout comme il délaisse la duchesse. Après avoir accouché d'un enfant mort-né, la jeune femme devient de plus en plus faible, sa santé se détériore. Leur idylle prend fin ; Angélique meurt en 1681 à l'âge de 20 ans seulement. D'aucuns assurent qu'elle a été empoisonnée par la Montespan, jalouse de sa jeune rivale et de son influence esthétique. On est alors en pleine affaire des poisons, mais c'est une tout autre histoire…

Rudolf Diesel

Comment cet ingénieur a-t-il révolutionné l'industrie des moteurs ?

On trouvait cette idée saugrenue et d'ailleurs personne n'y croyait. Pourtant, lorsqu'à l'Exposition universelle de 1900 les premières pétarades se font entendre dans un gros nuage de fumée noire, les journalistes et les curieux restent bouche bée. La subjugation des uns fait la fierté d'un homme : le concepteur de ce moteur un peu particulier qui prendra bientôt son nom, Rudolf Diesel. Particulier, c'est peu dire ! L'ingénieur, en effet, s'est mis en tête de faire fonctionner un moteur non pas avec du pétrole, du charbon ou du goudron, mais avec un matériau plus accessible : de l'huile de cacahuète ! Cet énorme moteur à allumage par compression tourne comme une horloge, pour le plus grand bonheur de son créateur. C'est donc au milieu des vapeurs d'arachide et tout sourire que Rudolf Diesel pose sur les photographies en recevant le Grand Prix de l'Exposition pour son invention qui allait pourtant causer sa perte, en pleine nuit, au beau milieu de la mer du Nord…

Rudolf Diesel est le genre d'homme qui sait ce qu'il veut. Dès l'âge de 14 ans, alors scolarisé à Berlin, il annonce à ses parents restés à Paris, sa ville natale, son souhait de devenir ingénieur. Quelques années plus tard, un diplôme en poche et quelques expérimentations l'ayant envoyé à l'hôpital et manqué de le laisser aveugle, il développe des machines à vapeur. Mais la philosophie de Rudolf, ce n'est pas la science pour la science. Soucieux des problèmes de son temps, il souhaite améliorer le quotidien de ses contemporains.

Alors que l'industrialisation naissante confisque les moyens de production en utilisant des nouvelles machines à vapeur coûteuses, Diesel souhaite favoriser les petits artisans et leur offrir une machine efficace, fiable et qui ronronnerait avec des matières premières accessibles comme les huiles végétales. Brevetés en 1892, ces moteurs deviennent aussi importants que ceux fonctionnant au pétrole, goudron ou charbon. Mais le plaisir de Diesel, désormais propriétaire d'une fortune colossale, est vite amer : son invention lui échappe et va bientôt faire fonctionner les péniches, les navires de la marine marchande, favorisant davantage les grands groupes… précisément ce contre quoi il se battait.

Des années plus tard, en se rendant en Angleterre à bord du *Dresden* pour répondre à une invitation de la Royal Navy qui est intéressée par son savoir-faire, l'ingénieur disparaît en pleine mer. Sa cabine est vide. Son lit est fait mais l'homme introuvable. Son corps sera repêché un mois plus tard. Beaucoup crient à l'élimination politique : aurait-il été jeté par-dessus bord par les sbires de Guillaume II ? Mystère. Psychologiquement instable, il est possible que Rudolf Diesel se soit suicidé… Peut-être l'ingénieur se doutait-il que son nom – plus tard synonyme de « gazole » en France, et loué durant des décennies par les politiques en matière de transport particulier en raison de son faible coût – allait devenir le carburant d'une des plus grandes polémiques et interrogations actuelles ?

Georges Frédéric Strass

Comment a-t-il bouleversé le monde des bijoux ?

Si les diamants sont les meilleurs amis des femmes *dixit* Marilyn Monroe, il est d'autres pierres tout aussi étincelantes et très appréciées. C'est le cas de celle obtenue par une étrange alchimie : un mélange d'oxyde de plomb et de pâte de verre à quoi l'on ajoute une feuille d'argent pour renforcer le côté brillant : le strass.

Son inventeur n'est autre que Georges Frédéric Strass ! Né en Alsace en 1701, ce joaillier a pour ambition de proposer des pierres d'imitation relativement bon marché à sa clientèle. Après avoir fait son apprentissage chez Abraham Spach, l'un des grands orfèvres de Strasbourg, il s'inspire d'une technique anglaise de fabrication du cristal qu'il améliore et renforce en changeant les proportions de plomb et de verre pour créer une pierre extrêmement dure. Celle-ci reflétant parfaitement la lumière, il y ajoute des sels métalliques pour jouer avec la couleur. Cette pierre artificielle ressemble tant aux pierres précieuses qu'on la nomme « simili » ou « pierre du Rhin » en hommage à sa région. À cette époque, les gisements indiens où s'approvisionnent les Européens s'épuisent et les mines de diamant du Brésil ne sont pas exploitées au maximum de leur capacité, d'où la rareté et le prix quasi inabordable de cette gemme. Dès 1730, Strass crée son propre atelier. Le succès est immédiat et se propage jusqu'à la cour. Louis XV lui-même s'en entiche et nomme Strass joaillier du roi en 1734.

On met des « pierres de Strass » partout et en toutes occasions : sur les vestes, les jabots, les souliers et même dans les cheveux, une popularité grâce à laquelle « strass » devient nom commun dès 1748 ! Si le strass est inventé pour imiter le diamant, très vite, de nombreuses autres pierres précieuses sont concernées. On veut « briller » en société, au point de donner naissance à une nouvelle corporation, celle des joailliers « faustiers », autrement dit spécialisés dans les faux. Ces bijoux ouvrent le marché à une clientèle moins fortunée, raison pour laquelle la haute société s'en désintéresse progressivement. Le strass est d'ailleurs souvent associé encore à un bijou de piètre qualité, ornant des pièces de mauvais goût ou de facture peu soignée. Pourtant, certaines pierres de strass réussies sont aujourd'hui aussi recherchées que les vrais diamants ! La robe portée par Marilyn Monroe à l'anniversaire du président Kennedy en 1962 par exemple, robe fourreau en gaze de soie blanche entièrement parsemée de strass, s'est vendue à 1,3 million de dollars aux enchères quelques décennies plus tard ! Désormais presque indissociable des paillettes et du « tape-à-l'œil » dans le langage figuré, le strass ne plaît néanmoins pas à tout le monde, pouvant être synonyme d'une apparence trompeuse.

Richissime et pourtant vieux garçon, notre Georges Frédéric Strass mourra seul en 1773 – preuve s'il en était besoin que les pierres, même semi-précieuses, n'attirent pas toujours les femmes !

Vittore Carpaccio

Comment le nom d'un peintre inconnu est-il devenu celui d'un célèbre plat ?

Malgré sa table offrant une vue imprenable sur le Grand Canal, la comtesse Amalia Nani Mocenigo arbore une grise mine. À la différence des illustres clients qui se pressent autour d'elle au Harry's Bar, parmi lesquels Orson Welles, Humphrey Bogart ou encore Ernest Hemingway, elle ne peut savourer les succulentes grillades servies par Giuseppe Cipriani, le chef et patron de ce magnifique restaurant fondé en 1931. Soumise à un régime strict par son médecin, il lui est interdit de manger de la viande cuite ! La comtesse étant une habituée de ce lieu, Cipriani décide pour lui faire plaisir de créer un plat composé de fines tranches de bœuf crues simplement accompagnées de mayonnaise. Nous sommes en 1950, le « filet à la Carpaccio » vient de naître. Pourquoi Cipriani ne donne-t-il pas son nom ou celui de la comtesse à son nouveau plat ? Il se trouve que la Cité des doges accueille au même moment une exposition consacrée à un peintre vénitien du XVIe siècle, peu connu du grand public et dont la vie est entourée de mystères : Vittore Carpaccio.

Né vers 1460, Vittore est le fils d'un marchand de peaux. Il étudie la peinture, influencé par les grands maîtres de l'époque tels que Gentile Bellini, Giorgione, Antonio de Messine, mais également par l'école flamande, d'où son goût pour les paysages soignés en arrière-plan, élément essentiel de ses compositions et non pas simple décor. Subventionné par les grandes familles patriciennes de Venise qui passent commande aux nombreuses écoles de peinture que compte la cité, on lui confie de multiples travaux, notamment la décoration des salles du palais des Doges. C'est là qu'est abrité son tableau le plus célèbre, le *Lion de saint Marc*, peint en 1516 d'après l'emblème de la ville.

Prenons le *vaporetto* et revenons en 1950, en compagnie de Giuseppe Cipriani. En fin connaisseur d'art, il voit tout de suite une correspondance entre la gamme de couleurs, le contraste créé par la viande et la mayonnaise de son nouveau plat, et celui formé par les robes écarlates et les bâtiments en pierre de taille peints par Carpaccio… Le nom de son plat est tout trouvé !

La recette, devenue un classique de la gastronomie, a évolué pour prendre la forme qu'on lui connaît aujourd'hui : des tranches de viande de bœuf crue délicieusement assaisonnées de citron, d'huile d'olive, de basilic et de parmesan pour les plus gourmands ! Classique de la cuisine italienne, le carpaccio de bresaola se prépare quant à lui avec de la viande de bœuf également crue mais séchée. Transformé en nom commun dès son invention par Cipriani, le carpaccio sert de nos jours à désigner une préparation à base de fines tranches, peu importe l'aliment découpé : saumon, thon, pêche, ananas ou encore de la mangue ! Qu'en penserait notre comtesse Mocenigo ? Enfin, il me faut vous prévenir : si vous avez la chance de vous promener le long du Grand Canal et qu'il vous venait l'envie de pousser la porte du Harry's Bar pour déguster un carpaccio *Cipriani style*, il vous faudra débourser pas moins de… 58 euros ! Toute légende a son prix.

Eugène Rimmel

Comment un parfumeur a-t-il transformé le regard des femmes ?

Chaque matin, le rituel est le même. Entre la tasse de thé, la tartine de beurre et le choix de la tenue, il y a pour beaucoup de femmes une étape incontournable : le maquillage. Et si une femme met aujourd'hui en moyenne 23 minutes à se maquiller, cela n'a pas toujours été le cas. Il fut un temps où les trousses de maquillage n'existaient pas. Les femmes devaient fabriquer elles-mêmes leurs cosmétiques ! Jusqu'au XIXe siècle, les plus coquettes se sublimaient les yeux avec une poudre noire constituée de sureau, de cendre, de suie et de jus de baies. Une fabrication artisanale dont la composition laisse à désirer… mais il y avait bien pire ! Dans l'Égypte antique le maquillage pour les yeux était une mixture faite de miel, de poudre d'amandes calcinées, d'antimoine (un produit aux beaux reflets bleutés mais hautement toxique) et de fiente de crocodile ! C'est sûr que comme parure, on a vu plus glamour. Si seulement les femmes d'alors avaient pu se mettre un simple coup de rimmel sur les cils ! Il a fallu pour cela attendre l'invention de ce produit magique par… Eugène Rimmel !

C'est en 1834 qu'Eugène quitte sa France natale pour suivre son père à Londres. Il l'aide à tenir une boutique de parfums auxquels les deux hommes donnent leur nom : Rimmel London, une marque existant encore aujourd'hui. Véritable chimiste dans l'âme, Eugène conçoit de nombreux parfums et produits cosmétiques avant d'ouvrir en 1844 sa propre boutique, la « Chambre de Rimmel ». La marque Rimmel devient rapidement célèbre, en particulier pour ses parfums : on raconte même que la reine Victoria s'approvisionne chez lui !

Le XIXe siècle est incontestablement le premier siècle de la consommation de masse. Les grands magasins se développent et le marché des cosmétiques bat son plein. Les femmes peuvent désormais se procurer parfums, poudres, crèmes… mais toujours pas de maquillage pour les yeux ! Une anomalie dont l'inventif et avant-gardiste Eugène Rimmel va s'emparer en concevant un produit pour les yeux, non toxique et accessible à toutes, dès 1880. Ce n'est pas encore le mascara que nous connaissons, constitué d'un tube et d'une brosse, mais un bloc noir sur lequel il faut frotter un pinceau pour ensuite se colorer et allonger les cils. Le produit est composé d'un nouvel ingrédient à base de pétrole, la vaseline, formant ainsi une texture plus malléable.

Le succès est au rendez-vous et dépasse toutes les espérances, mais Eugène n'est plus là pour le voir. Ce sont ses fils qui, après avoir repris l'entreprise à la fin des années 1880, commercialisent au Royaume-Uni cette invention sous le nom de « Rimmel ». Cette dernière se vend comme des petits pains, traverse la Manche puis l'Atlantique et transforme le monde des cosmétiques. Elle devient tellement populaire que la marque désigne couramment tout type de mascara. Les cils des femmes ainsi ornés, une seule chose reste à espérer : que l'actuelle mode des cosmétiques « faits maison » ne réintroduise pas de fiente de crocodile dans les préparations !

Louise de La Vallière

Comment une favorite a-t-elle inscrit son nom dans l'histoire de la mode ?

Quel est le point commun entre Françoise-Louise de La Baume Le Blanc, duchesse de La Vallière et de Vaujours, et les héros de *Jesse James, le brigand bien-aimé*, western de Nicholas Ray sorti en 1954 ? Aucun me direz-vous ? Vous vous méprenez ! Ils ont tous pour particularité d'arborer un ruban de soie noué autour du cou et communément appelé… lavallière !

Si cette pratique est attestée en Chine dès le IIIe siècle av. J.-C., ce sont les soldats croates qui, à l'occasion de la guerre de Trente Ans, l'introduisent en France. Le glissement du mot « croate » aurait donné notre bien connue « cravate ». Mais, faite de généreux plis et replis de soie chatoyante, la cravate de jadis est encore bien loin de la mince bande de tissu, biseautée et – disons-le – souvent austère, dont nous sommes familiers.

Vers 1650, la cravate prend ses aises au cou et à la cour de Louis XIV : chacun dépense des fortunes et rivalise d'audace et d'élégance en y ajoutant force dentelles et rubans de soie pour se distinguer. Une mode qui se répand à toute l'Europe. S'emparant de cet accessoire jusqu'alors réservé aux hommes, Louise de La Vallière noue sa cravate avec ce qu'il faut de négligence et fait sensation : tous les peintres se pressent alors pour la représenter avec ce nœud papillon déployé à l'horizontal et dont les pans retombent.

Mais si le tour de main de Louise marquera l'histoire de la mode, il semblerait que la duchesse eût des intentions plus prosaïques et immédiates... Originaire de la petite noblesse de Blois, elle entre à la cour à 17 ans comme fille d'honneur d'Henriette d'Angleterre, duchesse d'Orléans, cousine germaine et belle-sœur du roi. Éblouie par Versailles, elle est éperdument amoureuse de Louis XIV, qui s'en émeut et tombe sous le charme de la douce jeune fille. D'abord secrètes, leurs amours sont révélées au grand jour lors du Grand Carrousel de juin 1662. De leur union naîtra quatre enfants dont deux seuls survécurent. N'étant « pas de ces beautés toutes parfaites », selon le mot de La Fontaine, elle aurait créé cette exubérance de soie pour imiter son royal bien-aimé et se distinguer des autres femmes. Cela ne l'empêcha pas toutefois d'être détrônée et malmenée par Athénaïs de Montespan. Humiliée et malheureuse, la pauvre duchesse finira par fuir Versailles pour le couvent à deux reprises. Elle restera au carmel jusqu'à sa mort, en 1710.

Triste fin pour La Vallière certes, mais quelle postérité ! Reprise tour à tour par les dandys – ces jeunes hommes se jouant des codes et devant « aspirer à être sublime sans interruption », comme l'écrivit Baudelaire –, par les artistes romantiques et enfin par la bonne société aristocratique et bourgeoise, la lavallière habillera toute la société du XIXe siècle. Tombée en désuétude de nos jours, elle continue tout de même de s'imposer dans le vestiaire contemporain, fièrement arborée par exemple par le mathématicien Cédric Villani.

Alexis Godillot

Pourquoi ce chausseur a-t-il bouleversé l'industrie ?

Ne vous est-il jamais arrivé un matin, distrait et pas très éveillé, d'enfiler votre pied gauche dans votre chaussure droite et inversement ? C'est inconfortable n'est-ce pas ? On n'y pense jamais, mais une chaussure droite et une chaussure gauche, c'est une invention incroyable ! Oh ! mais cela doit exister depuis la nuit des temps, me direz-vous ! Eh bien, détrompez-vous, cette innovation n'est apparue qu'au XIXe siècle et l'on doit sa popularisation à un entrepreneur qui ne va pas nus-pieds : Alexis Godillot !

Originaire d'une famille modeste de Besançon, Alexis commence par exercer toutes sortes de petits métiers avant de reprendre la malleterie de son père. Doté d'un excellent sens du commerce, il devient fournisseur attitré du matériel de campement pour l'armée de Napoléon III. Et lorsqu'il cherche à diversifier sa production, c'est encore sur les champs de bataille qu'Alexis Godillot porte son regard. Héritage du Premier Empire, la stratégie militaire d'alors repose sur le déplacement des armées, les soldats pouvant marcher jusqu'à 40 kilomètres par jour. Remarquant que ces hommes combattent avec des chaussures dépareillées et de très mauvaise qualité – voire des sabots de bois pour certains –, Godillot flaire le filon : il se met en tête de fabriquer un nombre considérable de chaussures pour équiper les fantassins.

Même s'il est le premier à avoir conçu des formes et des cambrures différentes pour le pied gauche et le pied droit, sa véritable invention réside dans ses méthodes de production. Et c'est précisément ce qui va assurer la postérité de son nom. Afin de livrer des quantités phénoménales de chaussures à des coûts défiant toute concurrence, Godillot révolutionne l'industrie et invente notamment le travail à la chaîne, s'équipant des machines les plus modernes du marché importées des États-Unis. Le succès est au rendez-vous ! En quelques mois, il produit 200 000 godillots, et en 1867 plus d'1,2 million de paires lui sont commandées ! Ravis de ce confort, les centaines de milliers de soldats – que l'on sait grands chansonniers – entonnent rapidement des airs évoquant ces « godillots », dont le plus connu est sûrement celui fredonné par les poilus, *Les godillots sont lourds dans le sac*. Ces bottines connaissent un tel succès qu'elles équiperont l'armée française jusqu'à la Première Guerre mondiale !

Installé à Hyères depuis les années 1870, Godillot meurt en 1893, quelques années après un certain Van Gogh qui avait, dans une nature morte intitulée *Les Godillots*, immortalisé ses propres bottines éculées et boueuses… Preuve qu'elles ont beaucoup servi !

Nicolas Chauvin

Comment un simple soldat est-il devenu l'incarnation d'un patriotisme excessif ?

Il est 2 heures du matin. Un vent glacial a chassé les nuages. Un pas après l'autre, on pose prudemment ses bottines cloutées entre les flaques de boue et les formes que la clarté de la lune laisse apercevoir : des soldats, étendus à même la terre, qui se reposent avant l'assaut. Cette bataille qui s'annonce, à des milliers de kilomètres de chez eux, sur cette plaine d'Austerlitz, chacun espère qu'elle sera la dernière. Là, au milieu de ces fantassins, notre œil est attiré par une forme blanche… rouge… et bleue. On se rapproche. C'est un homme, enveloppé dans le drapeau tricolore. Il dort paisiblement malgré le froid de cette nuit de décembre 1805 et la peur de la bataille imminente. Ce soldat s'appelle Nicolas Chauvin. Si son nom vous est familier, c'est parce qu'il a donné le terme « chauvinisme » à notre dictionnaire. Mais comment ce petit soldat est-il devenu l'incarnation d'un nationalisme glorieux et exalté ?

Engagé dans les armées de l'Empereur dès l'âge de 18 ans, Nicolas Chauvin est un soldat remarquable. Dire que c'est un enthousiaste désireux de défendre son pays est un euphémisme : dix-sept fois blessé, trois doigts amputés, une épaule fracturée, le front mutilé, il aime sa patrie et est prêt à en payer le prix fort ! Cette gueule cassée était aussi connue pour sa naïveté, ce qui lui vaudra de nombreuses moqueries de ses compagnons du 59e régiment. Aussi, dès les années 1820-1830, des pièces de théâtre comme *Les Moissonneurs de la Beauce* ou *La Cocarde tricolore* des frères Cogniard mentionnent et ridiculisent à leur tour ce petit soldat au patriotisme et au dévouement exagérés. La faute à ses manières paysannes, celles de Charente-Maritime, dont il est originaire ?

Sa passion pour l'Empereur ne le quittera néanmoins pas, même après sa démobilisation pour cause d'infirmité. De retour dans sa ville natale de Rochefort, couvert de décorations, il devient portier-concierge à la préfecture. Il se fera même garde du corps personnel de Napoléon lorsque celui-ci effectua une courte escale dans la ville charentaise, sur la route de son exil sur l'île de Sainte-Hélène. On raconte qu'il aurait refusé de quitter le seuil de la chambre impériale pendant toute la nuit !

Une dernière chose : le soldat Chauvin n'a en réalité jamais existé ! Il ne serait qu'une compilation de tous les archétypes des soldats napoléoniens, cristallisée durant la Restauration et la monarchie de Juillet par les chansonniers, les peintres et les vaudevillistes. Tous reprennent à leur sauce la figure populaire du soldat laboureur, ce bon paysan capable à la fois de nourrir sa patrie comme de prendre les armes pour la défendre. Peu importe. Son nom de famille – qui aurait été inspiré par un certain Régis Chauvin, dont on trouve la trace dans le registre des récipiendaires de la Légion d'honneur – a donné mot et corps à l'idée d'un sentiment patriotique poussé à son excès.

Encore aujourd'hui, sa légende est entretenue par l'association Le Garde chauvin, créée en 1986 et animée par des passionnés rochefortais qui se donnent rendez-vous pour parcourir l'Europe et redonner vie au grand mythe des guerres napoléoniennes.

Vespasien

Pourquoi le nom d'un empereur romain a-t-il servi à désigner les urinoirs publics ?

« L'argent n'a pas d'odeur », du latin *pecunia non olet* : vous utilisez peut-être cette expression, mais savez-vous à quoi elle fait référence ? Figurez-vous qu'elle est liée aux « vespasiennes », autrement dit aux urinoirs publics pour hommes, nom emprunté à celui de l'empereur romain Vespasien. Comment le fondateur de la dynastie des Flaviens et le bâtisseur du colisée de Rome a-t-il pu être associé à une chose aussi triviale qu'un lieu d'aisances public ? On lui a souvent attribué à tort cette invention, mais l'histoire est plus complexe que cela…

À la mort de Néron qui laisse l'empire sans successeur et en proie à la guerre civile, Vespasien, passé par un temps de trouble après avoir été proconsul d'Afrique, revient dans les affaires publiques. En 69 ap. J.-C., après avoir éliminé ses deux grands rivaux, Othon et Galba, il s'installe sur le trône impérial et consacre sa décennie de règne au redressement politique et économique de Rome, entreprenant un programme de grands travaux. Pour cela il lui faut d'abord remplir les caisses de l'État ! Vespasien doit donc multiplier les impôts. Et en la matière, il semble que sa créativité ait été sans limites, puisqu'il va jusqu'à taxer les urines !

À l'époque, celles-ci sont très prisées car elles contiennent de l'ammoniaque, utile pour nettoyer et traiter les toges. C'est notamment grâce à l'urine que les hommes qui prétendent à la fonction élective peuvent se parer d'une toge d'un blanc éclatant (la *toga virilis candida*, de laquelle vient notre « candidat » !). Cette urine cependant est péniblement collectée par les teinturiers dans les endroits où elle est produite (thermes, latrines, fosses d'aisances...). Vespasien a alors une idée en or : il décide de créer un réseau de canalisations permettant d'acheminer l'urine chez les teinturiers, qui devront bien sûr payer une taxe pour avoir accès à cette matière première ! Voilà qui explique mieux le sens de cette expression !

Traversons les siècles jusqu'en 1834 où le comte de Rambuteau, alors préfet de la Seine, prend la décision de faire disposer des toilettes publiques sur les trottoirs de Paris. Afin de taire les railleries de l'opposition qui baptise rapidement ces constructions « colonnes Rambuteau », le comte propose l'expression « vespasienne » et s'évite ainsi une postérité peu reluisante ! Pour la petite histoire, ces « pissotières », comme on les nommera aussi dès leur apparition, seront vite surmontées de publicités, pratique qui donnera naissance aux colonnes Morris, faisant maintenant partie intégrante du paysage parisien.

Si leur présence dans l'espace public a considérablement diminué, on trouvait au XIXe siècle des vespasiennes dans les rues de toutes les grandes villes d'Europe. Souvent à trois places, elles étaient un lieu de rencontre prisé par les prostitués masculins et de rendez-vous pour les résistants pendant la Seconde Guerre mondiale en vue d'y échanger des informations hautement secrètes. L'histoire s'écrit parfois dans les lieux les plus inattendus !

Charlotte de Mecklembourg-Strelitz

Pourquoi une reine d'Angleterre est-elle associée à un dessert français ?

Qu'elle soit aux fraises, au chocolat ou aux poires, la charlotte est aujourd'hui un dessert qui ravit toute la famille : une crème bavaroise, des fruits, le tout dans une coque de biscuits à la cuiller... on en a déjà l'eau à la bouche ! Le moule à charlotte est d'ailleurs considéré par beaucoup de ménages comme un élément essentiel d'une cuisine française digne de ce nom. Et pourtant, aussi étonnant que cela puisse paraître, cet entremets au nom si français nous vient... d'Angleterre ! C'est en effet à l'origine un pudding cuit pendant de longues heures dans un moule aux bords évasés fait de pain de mie ou de brioche et rempli de compote de fruits : une recette on ne peut plus simple ! Plus étonnant encore, ce dessert – qui était alors tout sauf un mets raffiné – tient son nom d'une reine !

Lorsqu'elle épouse le roi George III, Charlotte, d'une famille trop peu prestigieuse, n'est pas très bien accueillie par sa belle-mère. Si la duchesse Sophia Charlotte de Mecklembourg-Strelitz compte dans sa famille des ducs, princes et comtes, aucun de ses aïeux en revanche n'a été roi ! C'est tout bonnement impensable ! La jeune femme néanmoins se rattrapera avec brio : tout au long de leur mariage fidèle et empli d'amour, elle donne à son époux pas moins de quinze enfants ! Elle est ainsi la mère des rois George IV et Guillaume IV, ainsi que du père de la reine Victoria, Edward. Celle considérée par sa belle-mère comme une roturière est donc la « pentaïeule » d'Élisabeth II... autrement dit l'arrière-arrière-arrière-arrière-grand-mère de l'actuelle reine du Royaume-Uni de Grande-Bretagne et d'Irlande du Nord ! Outre ce succès généalogique, Charlotte sera une reine extrêmement populaire.

Botaniste éclairée, elle s'investit également dans l'éducation des filles et fonde de nombreux orphelinats et maternités. Les plus grands artistes lui rendent hommage, à l'instar de Mozart qui, alors âgé de 8 ans, lui dédie six sonates pour clavecin avec accompagnement de violon. Si elle reçoit les honneurs du monde de la musique, la cuisine n'est pas en reste. Pour elle, un chef réinvente le fameux pudding fourré à la compote et le renomme « charlotte » !

Comment ce gâteau de brioche chaude et fourrée est-il devenu un entremets léger orné de boudoirs à déguster froid ? Il fallait bien qu'un Français passe par-là ! C'est effectivement Antonin Carême, le père de la pâtisserie moderne française qui, après avoir été au service de la couronne d'Angleterre rapporte ce pudding en France. Sur les conseils de Talleyrand pour qui il officie, il développe la charlotte plus délicate dont nous sommes familiers. L'histoire de ce dessert ne s'arrête pas là : suivant les pérégrinations de Carême, il s'invite à la table d'Alexandre Ier de Russie et se voit doté de crème bavaroise pour plaire au tsar... La charlotte parisienne, que l'on connaît aussi sous le nom de « charlotte russe », est donc un dessert doublement monarchique, et bel et bien français !

John Dalton

Comment ce scientifique a-t-il découvert le daltonisme ?

On le sait, les goûts et les couleurs sont indiscutables. Toutefois, lorsque les amis botanistes de John Dalton lui assurent que les fleurs qu'ils sont en train d'observer sont rouges alors que lui les voit vertes, il se dit que quelque chose ne tourne pas rond. Il est vrai qu'il a déjà eu ce genre d'intuition, mais l'expérience d'aujourd'hui le confirme : il ne voit pas les mêmes couleurs que les autres.

Après ses études, John Dalton publie en octobre 1794 un article « Faits extraordinaires à propos de la vision des couleurs » amené à devenir célèbre. La communauté scientifique applaudit cet essai traitant de ce que Dalton nomme *colour blindness*, littéralement « cécité de la couleur ». Car il est vrai qu'avant d'être le découvreur du « daltonisme » – terme inventé par un traducteur et physicien suisse contemporain –, John Dalton est un scientifique. Son frère et lui sont retirés très tôt de l'école par leur père afin de suivre l'enseignement quaker, notamment en mathématiques, physique, grec et latin, mais aussi en météorologie, une science qui passionnera John toute sa vie. Il quitte ensuite la région des grands lacs du nord de l'Angleterre pour Manchester, ville dans laquelle il obtient un poste de professeur de mathématiques et de sciences à l'académie Warrington, où il crée un laboratoire de recherche et décèle son anomalie.

Comment expliquer ce léger handicap ? Il se trouve que John n'est pas la seule personne de son entourage à être affecté de daltonisme : son frère aussi voit du vert au lieu du rouge. Le scientifique en déduit que l'anomalie est d'origine génétique et serait liée à une coloration en bleu du liquide qui remplit l'œil. Dalton demandera même à ce qu'on pratique une autopsie afin de confirmer cette théorie. Si une analyse ADN faite en 1995 à partir d'un fragment des yeux de Dalton confirme bien la thèse génétique, ce n'est pas cette hypothétique coloration en bleu qui serait à l'origine de ce que les scientifiques appellent aujourd'hui « dyschromatopsie ». Cette anomalie est en réalité liée à une déficience ou à une absence d'un ou plusieurs cônes de la rétine oculaire nous permettant de distinguer les couleurs. Bien que l'on estime que les daltoniens souffrent d'une infirmité légère, ils peuvent dans certains cas avoir un avantage sur les individus avec une vision normale… Des militaires en effet ont découvert que des daltoniens savent parfois détecter un camouflage là où n'importe qui d'autre se serait fait avoir !

Son affection n'empêche pas John Dalton de poursuivre ses travaux de physique et de chimie. Il développe des lois encore utilisées de nos jours en météorologie. Peu à peu John connaît le succès : il parcourt l'Angleterre et se rend en France pour présenter ses recherches. En 1822, il est enfin admis à la Royal Society et devient même membre associé de l'Académie française des sciences. On raconte que Dalton était une personne dotée d'un calme à toute épreuve ; pas étonnant pour quelqu'un qui ne pouvait pas voir rouge !

Ambrogio Calepino

Pourquoi un moine a-t-il donné son nom au mot « calepin » ?

Vous vous réveillez en sueur, au beau milieu de la nuit. Tout est calme autour de vous, rien ne bouge, mais vous êtes encore agité par le rêve que vous venez de faire. Pour une fois, vous souhaitez rapporter ce songe par écrit. Vous allumez donc la lumière et griffonnez quelques mots dans un petit carnet qui repose dans le tiroir de votre table de chevet. Ainsi fait, vous vous rendormez. C'est alors que vous vous mettez à rêver d'un moine italien… Étrange, n'est-ce pas ? Pas tant que cela, car ce moine est sûrement un dénommé Ambrogio Calepino, né au début du XVe siècle en Lombardie et qui a donné son nom au « calepin », ce petit carnet dans lequel vous venez d'écrire quelques mots confus.

Comme tout moine, Ambrogio Calepino est un lettré. Amoureux des langues, il entreprend la rédaction d'un dictionnaire de vocabulaire latin, le *Cornucopiae*, publié dès 1502 et aussitôt remarqué. Nous sommes en pleine Renaissance, période durant laquelle les voyages se développent en Europe. Aussi Calepino décide-t-il en 1509, deux ans avant sa mort, d'adjoindre d'autres langues à son dictionnaire : l'italien, le grec et l'hébreu. Un nouveau volume est donc publié, arborant un titre qui suit les canons de l'époque, c'est-à-dire descriptif et très long : *Ambrosii Calepini dictionarium undecim linguarum : respondent autem latinis vocabulis hebraica, græca, gallica, italica, germanica, belgica, hispanica, polonica, ungarica, angelica*... Pas très pratique vous en conviendrez ! Pour plus de fluidité les lettrés parlent donc rapidement du *Calepino*, ou *Calepini*, pour le désigner ; une technique de raccourci dont nous faisons d'ailleurs encore usage au quotidien quand nous parlons du *Larousse* ou du *Robert* par exemple.

Le succès est considérable : le livre, réédité à plus de vingt reprises entre 1542 et 1598, est augmenté et retouché jusqu'au XVIIIe siècle. Séduits par le côté polyglotte du dictionnaire, les voyageurs l'emportent avec eux au gré de leurs pérégrinations et prennent même l'habitude de lui ajouter de nouveaux mots et de nouvelles traductions. Ces augmentations au *Calepino* sont inscrites sur un petit cahier que l'on peut glisser dans la poche de son manteau, compensant la taille imposante de l'ouvrage originel. Vous voyez où je veux en venir ? Peu à peu, le *Calepino*, francisé en *Calepin*, se met à désigner non plus le dictionnaire en lui-même mais le carnet servant à annoter l'ouvrage de Calepino, devenant ainsi « calepin », un nom commun attesté dès 1662. Vous en connaissez désormais plus sur cet étrange moine qui occupe votre nuit...

William Frisbie

Comment le nom d'un pâtissier s'est-il transformé en jeu de plage universel ?

Entre deux cours de théologie, sur les pelouses parfaitement tondues du campus de l'université de Yale, un plat à tarte fend le ciel. « Frisbie ! » crie l'étudiant après avoir lancé le projectile à l'un de ses camarades. Ce dernier le rattrape en plein vol avant de le renvoyer avec la même ferveur. Nous sommes au milieu des années 1870 et un tout nouveau jeu vient de naître. Mais pourquoi diable crie-t-on « Frisbie ! » à tout-va ?

Il faut, pour comprendre cela, se rendre à quelques kilomètres du campus étudiant et pousser la porte de l'entreprise d'un certain William Russell… Frisbie. Fils de meunier, ce pâtissier américain s'installe en 1870 à New Haven, dans le Connecticut, pour y monter sa propre fabrique de tartes : la Frisbie Pie Company. Rapidement, ses tartes et ses cookies remportent un franc succès dans la région, et par-dessus tout auprès des étudiants de l'université de Yale voisine qui en raffolent. Si l'entreprise de William a bel et bien existé, affichant même le chiffre incroyable de 80 000 tartes vendues par jour en 1956, l'histoire des étudiants de Yale évacuant le stress des examens grâce au jeu des moules à tarte ne serait qu'une légende…

La véritable généalogie du frisbee serait à chercher ailleurs. En 1948, Walter Frederick Morrison, un jeune menuisier venant tout juste de rentrer de la guerre en Europe, a une idée. Après s'être amusé avec une amie à se lancer un couvercle d'une boîte de pop-corn puis un moule à gâteau, il pense à fabriquer des soucoupes volantes en bois, puis en Bakélite. L'Amérique est alors en pleine mode des extraterrestres et, des unes des journaux aux salles d'attente du coiffeur, tout le monde n'a qu'un mot à la bouche : l'affaire Roswell, du nom de la petite ville du Nouveau-Mexique où aurait atterri un ovni un an plus tôt. Malgré cet engouement pour les objets volants, l'invention de Morrison ne rencontre guère de succès, les disques étant à la fois lourds et fragiles. C'est alors que le menuisier décide d'opter pour un autre matériau en plein essor : le plastique. Cette fois-ci, le succès est au rendez-vous ! À tel point qu'en 1955, les dirigeants de la marque de jouets Wham-O – qui inventeront plus tard rien de moins que la fameuse balle rebondissante ou encore le hula-hoop – achètent sans hésiter le brevet de ces objets à la fois simples et ludiques. Ayant eu vent de la légende des étudiants de Yale et de leurs parties de plats volants ponctuées de leurs cris, les responsables de Wham-O baptisent leurs disques « Frisbee », avec deux « e » pour coller à la prononciation anglaise.

Le jeu fait sensation, avec au total plus de 200 millions d'exemplaires vendus dans le monde ! Déjà pratiqué lors des Jeux olympiques antiques et décrit par Homère dans l'*Iliade*, il est devenu le jeu de plage le plus pratiqué et, semble-t-il, le plus apprécié du meilleur ami de l'homme… Allez donc voir une compétition de frisbee canin pour vous en faire une idée !

Stan Smith

Ce tennisman légendaire est-il le créateur d'une paire de baskets ?

Avec un jean, une jupe et parfois même un costume, les Stan Smith sont partout. Incontournables de la mode d'aujourd'hui, arborées par les jeunes pour faire comme leurs idoles, mais aussi par les plus âgés pour leur côté confortable, ces baskets n'ont pas été créées par Monsieur Smith, contrairement à ce que l'on pourrait croire ! Non, c'est plutôt l'histoire d'un trio : un industriel visionnaire, un designer français et un immense champion de tennis.

Traversons le Rhin et faisons la rencontre d'Adolf Dassler. Dans les années 1920, il fonde avec son frère sa fabrique de chaussures de sport, devenant après la guerre la « Adi Dassler adidas Sportschuhfabrik », plus connue sous le nom de Adidas. Comprenant rapidement l'engouement croissant pour la pratique du sport de compétition, il équipe les athlètes des Jeux olympiques dont l'excellent – et fort bien chaussé – sprinter Jesse Owens. Ne remportant pas moins de quatre médailles aux jeux de Berlin de 1936, tous les grands sportifs se tournent alors vers cette marque.

Quand au début des années 1960 Horst Dassler succède à son père, il veut diversifier son activité et s'ouvrir à d'autres sports que l'athlétisme. En 1964, il demande à son directeur commercial et designer français Robert Haillet de créer des chaussures. Ancien champion de tennis, Haillet innove : le cuir succède à la toile ; on les dote de semelles en caoutchouc plus épaisses pour amortir les chocs et freiner les glissades sur terre battue. Ce modèle est surtout reconnaissable en un coup d'œil grâce à leur couleur d'un blanc éclatant et ses pièces de cuir vertes cousues sur le talon et la languette, où figurait à l'origine le portrait de Haillet. Se rappelant le cas de Jesse Owens, Dassler comprend qu'il a besoin d'un champion pour assurer la promotion de ses nouvelles chaussures de sport. Et qui de mieux que le dernier vainqueur de l'US Open 1971, l'Américain Stanley Smith ?

Smith a 27 ans lorsqu'il signe son contrat avec la marque allemande, son parrain officiel. Les Adidas « Robert Haillet » sont alors rebaptisées « Stan Smith » et, rapidement, les ventes explosent. Ce maître de la spectaculaire stratégie du « service-volée » (consistant à monter au filet immédiatement après le service) est un joueur très populaire, admiré pour son franc-jeu, d'où son surnom de « gentleman Stan ». Son palmarès est impressionnant : 35 titres en simple et 54 en double.

Au début des années 1980, les Stan Smith quittent la terre battue pour fouler les trottoirs, adoptées par toute la culture hip-hop. Les breakdancers apprécient la souplesse et la résistance du modèle pour réaliser toutes sortes de figures. Bien que populaires, Adidas décide en 2011 d'arrêter la commercialisation des Stan Smith. C'était sans compter la communauté des fans qui inonde les réseaux sociaux avec le message suivant : « Arrêter la production des Stan Smith, ce serait comme supprimer le Big Mac de McDonald's ! » En signant l'arrêt de mort du modèle mythique, la firme n'a fait qu'en renforcer sa vitalité. En 2014, fortes d'un nouveau souffle, les chaussures réapparaissent sur le marché.

Aujourd'hui, si l'on estime que plus de 70 millions de paires ont été vendues depuis leur création, rares sont ceux qui connaissent la véritable histoire de ces chaussures iconiques, comme s'en amuse Stanley Smith, devenu entre-temps entraîneur : « Certains jeunes pensent que je suis une chaussure, d'autres que c'est moi qui les fabrique ! »

Félix Kir

Comment le nom d'un homme religieux est-il devenu un apéritif intemporel ?

Le moins que l'on puisse dire, c'est qu'il ne passait pas inaperçu ! Jacques Chaban-Delmas, alors président de l'Assemblée nationale, disait du religieux et homme politique Kir : « C'est une figure ! » En effet, ce truculent personnage marqua les rangs des députés des IVe et Ve République. Pensez donc : à 91 ans, il est réélu député de Côte-d'Or pour la septième fois ! Que diriez-vous, pour fêter cette victoire, de boire un petit « blanc-cassis », plus connu sous le nom de kir ? Porter un toast en l'honneur de quelqu'un avec un apéritif qui porte son nom, en voilà une chose peu commune !

Félix Kir vient d'une famille lorraine établie dans un village près de Dijon. Son grand-père aurait transformé leur vrai nom de famille « Curé » en « Kir » en arrivant en Bourgogne. Félix a très tôt la vocation et entre au séminaire. Un « Curé » dans les ordres, voilà une information qui ne s'invente pas ! D'abord vicaire, il est affecté aux services de santé durant la Grande Guerre avant d'être nommé chanoine (conseiller de l'évêque) en 1928. Également conférencier et rédacteur au journal catholique *Le Bien du peuple*, Félix Kir participe aux grands débats de l'époque et se distingue par son patriotisme. Rien d'étonnant donc au fait qu'il commence à s'impliquer dans la gestion de la ville de Dijon à la fin des années 1930 (il n'hésite d'ailleurs pas à prendre le képi pour faire la circulation dans les rues de la ville), et qu'il s'engage dans la Résistance. Kir fera ainsi évader 5 000 prisonniers de guerre français d'un camp près de Dijon, sera sérieusement blessé dans un attentat dirigé contre lui et, à la Libération, se verra nommer secrétaire du comité départemental. Entré en politique, le chanoine refuse lors des élections municipales et législatives de 1945 de s'allier aux partis traditionnels. Il crée donc sa propre liste d'Union sociale et est élu député-maire de Dijon, mandat qu'il occupera jusqu'à sa mort en 1968.

Lors des réceptions officielles, le chanoine institue la tradition de servir du bourgogne aligoté additionné de liqueur de cassis, rencontre de deux produits du terroir bourguignon. Particulièrement féru de cet apéritif créé en 1841 par un cafetier dijonnais, le député-maire est même connu pour transporter dans son cabas une bouteille de blanc et de la liqueur de cassis lorsqu'il se rend à l'Assemblée ! Lejay-Lagoute, un fabricant dijonnais de crème de cassis, pense alors à utiliser le nom du député-maire populaire pour faire la promotion du blanc-cassis. Kir accepte volontiers : dès 1951 son nom est associé à son apéritif favori ! En 1967, le chanoine Kir entre dans le dictionnaire – autrement dit de son vivant, une véritable consécration !

Antoine Parmentier

Comment un pharmacien a-t-il popularisé la pomme de terre ?

En purée, en salade, à la vapeur, en frites ou recouverte par un bon fromage à raclette, la pomme de terre est incontestablement un ingrédient populaire. Mais si le steak-frites est devenu un incontournable de nos brasseries quand le jambon-purée fait office de refuge pour des parents en manque d'inspiration, il n'en a pas toujours été ainsi. L'histoire de la patate est rocambolesque ! Écrite par un certain Antoine Parmentier, pharmacien visionnaire et passionné sous Louis XVI, il révolutionnera le régime des Françaises et des Français grâce à un habile subterfuge.

Nous sommes au XVIe siècle. Trois galions viennent de mouiller dans le port de Cadix. De retour du Nouveau Monde, les conquistadores ne sont pas revenus les mains vides. Leurs navires sont remplis de matières nouvelles ou précieuses. Parmi cette cargaison, une plante, un simple tubercule découvert chez les Incas. La culture de la *patata* (qui pousse facilement) gagne peu à peu toute l'Europe. Si les paysans souffrent de la famine, pas question pourtant d'en manger : amère et indigeste, elle est conservée pour les animaux. C'était sans compter la détermination quelques siècles plus tard d'Antoine Parmentier.

En 1757, quand la guerre de Sept Ans commence à déchirer l'Europe, Antoine, pharmacien âgé de 20 ans, s'enrôle dans les services de santé de l'armée. Prisonnier en Prusse, il est nourri d'une sorte de bouillie de pommes de terre, un plat qu'il trouve particulièrement nourrissant. Une fois la guerre terminée, Parmentier décide de poursuivre ses travaux sur l'hygiène et la santé. Se souvenant de ce légume goûté derrière les lignes ennemies, l'apothicaire commence ainsi la culture de la pomme de terre et tente d'attirer l'intérêt de ses contemporains sur la consommation de ce tubercule qui pousse partout. C'est un échec : manger une racine destinée aux cochons ? Non merci ! Convaincu que ce légume mal aimé pourrait éviter des famines, l'apothicaire use alors d'un subterfuge.

Parmentier fait garder un champ de pommes de terre par des hommes armés auxquels il donne l'ordre de quitter leur poste à la fin de la journée. Bien vite, le bruit court que l'on fait pousser un légume extraordinaire destiné à l'aristocratie. Rien de tel pour attiser la curiosité des Parisiens qui dérobent les plants dès la nuit tombée. Convaincus, les Français s'empressent de cultiver des pommes de terre ; les botanistes admettent enfin ses qualités nutritives. Louis XVI en personne soutient l'entreprise et arbore même une fleur de « parmentière » (comme on désigne alors la pomme de terre) à son chapeau. Il s'exclame : « La France vous remerciera un jour d'avoir trouvé le pain des pauvres ! » Parmentier est comblé d'honneurs. Mais la plus belle reconnaissance est assurément celle renouvelée tous les midis : quand arrive l'heure de la cantine, où des millions d'écoliers se lèchent les babines à l'idée de se faire servir une grande assiettée du hachis qui porte son nom !

ANTHELME BRILLAT-SAVARIN

Pourquoi un magistrat a-t-il donné son nom à un fromage ?

Particulièrement friand de l'Excelsior, un fromage fondant à croûte fleurie, le crémier parisien Henri Androuët a une idée. Créé en 1890 par la famille Duboc, il aimerait que son fromage préféré (affichant tout de même 72 % de matières grasses !) acquière toute la reconnaissance qui lui est due. En 1930, il décide donc de le rebaptiser « brillat-savarin ». Devant ce nouveau nom, tous les gastronomes se pressent dans son petit commerce, pour le plus grand bonheur de son tiroir-caisse. Les amateurs connaissent maintenant ce petit fromage si crémeux et si doux, mais pourquoi ce nom l'a-t-il propulsé au rang de classique des fins de repas ? Il se trouve qu'avant d'être un bon petit fromage, Brillat-Savarin était en réalité un bon-vivant !

Acteur de la Révolution française, Anthelme Brillat-Savarin est bien connu de son vivant. Député du tiers état, ce natif de l'Ain participe à l'Assemblée constituante de 1789 à 1791 qui vote la première Constitution française et instaure une monarchie constitutionnelle que Louis XVI, sans en avoir vraiment le choix, accepte. Sous la Terreur, Anthelme s'exile à Lausanne, au Royaume-Uni puis aux États-Unis où il enseigne le français et devient même premier violon au théâtre de New York, connu pour jouer sur un formidable Stradivarius.

Ses collègues à la Cour de cassation, où il est nommé à son retour en France, lui trouvent bien vite un surnom : « tambour-major », du nom des officiers chargés de diriger les fanfares militaires. Il a la réputation d'avoir un caractère bien trempé tout en étant pourvu d'un grand sens de l'humour et, surtout, sa stature imposante fait de lui un orateur auquel tout le monde prête l'oreille ! Si Brillat-Savarin est doté d'un physique imposant, c'est parce qu'avant d'être un magistrat et un violoniste de renom, il est un grand amoureux de la bonne chère ! Véritable gastronome, il se veut le défenseur à la fois de l'élitisme des cuisines des grands chefs et des importants banquets populaires.

Ainsi s'attelle-t-il à l'écriture d'un ouvrage d'un genre particulier, mêlant souvenirs, aphorismes, traité d'esthétique et bien sûr gastronomie, véritable question métaphysique pour lui. Publié en décembre 1825, soit deux mois avant sa mort, sa *Physiologie du goût* se hisse bien vite en tête des ventes. De nombreux critiques considèrent immédiatement cet ouvrage comme un véritable classique, au même titre que les *Maximes* de La Rochefoucauld ! Il faut dire que ses écrits souvent alambiqués sont précédés d'aphorismes croustillants… Vous en connaissez certains : le fameux « Dis-moi ce que tu manges et je te dirai qui tu es », ou encore « Un dessert sans fromage, est une belle à qui il manque un œil », une phrase qui aura sûrement marqué notre petit crémier parisien ! Et quoi de mieux en effet qu'un fromage fondant et triple crème pour rendre hommage à ce joyeux et colossal gourmet ? On s'en lèche les babines.

Ambroise Paré

Comment un barbier est-il devenu
le père de la chirurgie moderne ?

En ce milieu du XVIe siècle, les champs de bataille résonnent d'un nouveau vacarme. Le bruit des épées qui s'entrechoquent a progressivement été remplacé par un autre son, lui aussi synonyme de mort. Des claquements secs et réguliers doublés d'éclairs aveuglants se font entendre : les mousquets crachent désormais leur feu diabolique. Et avec eux de nouvelles blessures apparaissent. Là où l'on était tranché dans le vif, raccourci d'un bras ou d'une jambe par une épée, ces armes à feu blessent à distance, éclatent les chairs, créent d'atroces lésions internes. Le maréchal de Brissac en fera les frais en plein siège de Perpignan en recevant une balle dans l'épaule ; on le dit perdu. C'était sans compter la présence d'un homme dont l'ingéniosité le sauvera : après une investigation méticuleuse, ce dernier découvre l'endroit exact où la balle s'est logée et parvient à l'extraire sans devoir agrandir la plaie. Un exploit ! Cet homme, c'est Ambroise Paré, que l'histoire retiendra comme l'inventeur de la chirurgie moderne. Il a révolutionné le passage sur le billard… mais ce n'était pas gagné !

Au départ marmiton du comte de Laval, Paré n'était pas destiné à devenir le grand homme que l'on connaît.

À l'époque, les médecins, souvent des religieux, ne peuvent exercer la chirurgie car « l'Église a horreur du sang ». Cette tâche est confiée à ceux qui savent manier des lames, les barbiers. Et c'est justement en devenant aide-soignant d'un barbier que Paré apprend non seulement à faire des coupes bien dégagées derrière les oreilles, mais aussi à panser des ulcères, pratiquer des saignées et inciser des abcès. Les salons de coiffure étaient donc d'un genre assez particulier !

C'est ainsi qu'en 1537 Paré est envoyé pour soigner les soldats de la huitième guerre d'Italie opposant alors le royaume de France de François Ier et le Saint Empire germanique de Charles Quint. Sur les champs de bataille, au milieu des hommes à l'agonie, il apprend à faire avec peu et dans l'urgence. C'est paradoxalement dans ce contexte chaotique qu'il parvient à trouver des méthodes moins définitives et invasives. Il désinfecte les blessures non plus à l'huile bouillante comme c'était l'usage, mais avec une mixture qu'il a mise au point : un mélange de jaune d'œuf, d'huile de rose et d'essence de térébenthine. De même a-t-il l'idée de ligaturer les artères des amputés plutôt que de les cautériser au fer rouge – un véritable progrès ! C'est enfin à lui que l'on doit la première mention, en 1564, du « bistouri », outil incontournable des blocs opératoires et des séries télévisées. Toutefois, Paré est boudé par les médecins qui regardent de haut ce modeste barbier devenu chirurgien du roi et freinent sa reconnaissance. Peu importe en fin de compte, celui qui n'a pas fait de grandes études a exercé pour quatre souverains et a mis son talent au service du confort des hommes, marquis, rois ou simples soldats. À Charles IX qui lui demandait d'ailleurs s'il s'occupait mieux des rois que des pauvres, Paré répondit : « Non sire, c'est impossible : je soigne les pauvres comme des rois » !

Raymond Poulidor

Pourquoi cet « Éternel second » est-il resté célèbre ?

D'ordinaire, c'est pour des victoires remportées ou des records atteints que les sportifs sont connus. À ce titre, Raymond Poulidor fait figure d'exception. Non pas qu'il n'ait rien remporté, loin de là ! Mais il est devenu davantage célèbre comme l'« Éternel second » que pour ses performances ! Tout cela avait pourtant si bien commencé...

Dès 1960, le cycliste est repéré par Antonin Magne, l'ex-champion cycliste, et intègre l'équipe Mercier. En moins d'un an, Poulidor remporte la course Milan-San Remo et est sacré champion de France sur route. Pour son premier Tour de France, en 1962, il ne dément pas les espoirs qu'on commence à miser sur lui. Il fait même preuve d'un véritable héroïsme durant la compétition : malgré une main dans le plâtre à cause d'une fracture du petit doigt, Poulidor finit honorablement troisième. Le public est fasciné par la persévérance de ce cycliste acharné. La légende se crée peu à peu et achève de prendre corps avec la publication d'un article intitulé « Vas-y Poupou » par le journaliste sportif Émile Besson dans *L'Écho du Centre* en juillet 1962. Le surnom du sportif le plus aimé des Français est né.

Durant l'été 1964, la France est coupée en deux à cause d'une question cruciale : il s'agit de choisir son camp entre Jacques Anquetil et Raymond Poulidor ! Les deux coureurs sont au coude à coude jusqu'au bout, pour le plus grand plaisir des spectateurs massés le long des routes ensoleillées ou l'oreille tendue vers leur poste de radio. Après avoir distancé Anquetil, Poupou chute lourdement. À l'arrivée on lui annonce, par erreur, qu'il est toujours premier ; il sera au final second, derrière Anquetil… à 55 secondes. Débute alors sa réputation de malchanceux. Quand un motard le renverse ensuite lors du Tour de 1968, il en est persuadé : le destin s'acharne. Lorsqu'il se relève, il est couvert de plaies, souffre de multiples fractures et a le visage en sang. Le Tour lui échappe de nouveau… Celui qui rêve du maillot jaune n'en a pas fini de voir rouge. L'année suivante en effet, il est donné pour favori en l'absence de son éternel rival Anquetil. C'était malheureusement sans compter la première participation de « l'ogre de Tervuren » : Eddy Merckx, le champion insatiable !

En quatorze participations au Tour de France, Raymond Poulidor s'est classé cinq fois troisième. Il a remporté le Tour trois fois au classement par équipe mais a surtout terminé trois fois second à l'issue de duels mythiques, ce qui le fera entrer dans la légende comme « l'Éternel second ». Ce n'est qu'à l'âge honorable de 41 ans qu'il tire sa révérence. À l'occasion de ses 80 ans, le Tour de France passe par son village de Haute-Vienne, Saint-Léonard-de-Noblat, lui rendant ainsi un chaleureux hommage. Poupou, c'est un personnage digne des tragédies grecques, dans lequel tous les spectateurs du Tour ont vu un modèle : l'Éternel second est l'incarnation de l'honnêteté, du travail acharné et surtout de la camaraderie, valeurs cardinales d'un des sports préférés des Français.

Apollon

Ce dieu de la beauté était-il vraiment si parfait ?

Il incarne depuis plus de 2 000 ans l'archétype de la beauté parfaite. Dieu de la beauté masculine, il est également dieu du soleil, des arts, du chant, de la musique et de la poésie, de la guérison… Rien que ça ! Pourtant, si Apollon est encore connu aujourd'hui pour ses attraits physiques, il était loin d'être parfait.

Dès sa naissance, le jeune dieu né d'une des nombreuses aventures extraconjugales de Zeus fait parler de lui, puisqu'il devient adulte en seulement quatre jours ! Sa beauté et sa stature sont si imposantes que les dieux de l'Olympe le craignent et le jalousent. Doté d'un physique exceptionnel, Apollon séduit aussi bien les femmes que les hommes et multiplie les conquêtes amoureuses. De ces relations naissent sept enfants, dont le célèbre Orphée. Pourtant, le plus beau des dieux grecs est malheureux en amour, et il ne fait pas bon tomber sous son charme : nombreux sont ceux à l'avoir appris à leurs dépens, Cassandre la première. Il faut dire qu'Apollon tombe souvent amoureux mais se lasse vite. Et ses méthodes de séduction sont pour le moins… brutales. Ainsi enlève-t-il la princesse d'Étiolie, Marpessa, alors qu'elle est déjà fiancée. Le jeune dieu brûle également de passion pour la belle nymphe Daphné qui, pour échapper à son prétendant, est obligé de demander à son père de la transformer en laurier. Certains paient même de leur vie l'amour d'Apollon : un jeune homme prénommé Leucatas se jette tout bonnement du haut d'une falaise pour le fuir ! Enceinte d'Apollon, la nymphe Coronis quant à elle, craignant d'être abandonnée par le bel homme lorsqu'elle vieillira, le trompe avec un mortel. Découvrant cette infidélité, Apollon crible la jeune femme de flèches. Signalons tout de même pour la décharge du dieu qu'il sauvera, dans un élan de bonté, l'enfant porté par Coronis…

Outre ses déboires amoureux, Apollon connaît de nombreux excès de colères, sans doute dus à son caractère bien trempé et son égo surdimensionné. Le roi Midas en a fait les frais : lors d'un concours de lyre qui oppose Apollon et le satyre Marsyas, il ose préférer les talents musicaux du second. Fou de colère, Apollon fait pousser des oreilles d'âne à Midas et écorcher vif son concurrent !

Les Grecs puis les Romains vénèrent pourtant ce dieu à la jeunesse éternelle, représenté les cheveux longs et nu. Sa popularité est telle qu'elle perdure au Moyen Âge et même sous Louis XIV, qui choisit notamment son surnom de Roi-Soleil en référence au dieu. Son nom devient même un mot courant au XVIIe siècle, synonyme de beauté. La beauté parfaite et légendaire d'Apollon traverse en effet les âges et les époques, et les expressions qui s'en inspirent pour désigner un homme charmant sont nombreuses : « beau comme un dieu grec », « c'est un vrai apollon »… C'était peut-être le plus beau des dieux grecs, mais après avoir lu ces quelques lignes, on comprend aisément qu'un « bel apollon » ne sera peut-être pas le plus heureux des hommes…

Le prince de Galles

Comment un bout de tissu est-il devenu si noble ?

Puisqu'il lui faut s'armer de patience avant de monter sur le trône britannique, le futur Édouard VII, prince de Galles, s'illustrera sur un tout autre terrain : il sera la référence incontournable de son temps en matière de mode.

Plus connu sous le surnom de « Bertie », le fils de l'immuable reine Victoria né en 1841 érige l'élégance en véritable art de vivre, à l'instar de son ancêtre George IV, ami du pionnier du dandysme « Beau Brummell ». Se défaisant de l'éducation stricte reçue à la cour et après un passage à l'université d'Oxford et de Cambridge, Bertie entame une vie de voyages à travers l'Europe, loin du carcan de Buckingham. Grand séducteur, il se met peu à peu à collectionner les maîtresses : la comédienne Sarah Bernhardt, lady Churchill (la mère de Winston), Alice Keppel (qui, pour la petite histoire, est l'arrière-grand-mère de Camilla Parker Bowles, l'épouse actuelle du prince Charles)… Profitant du « flou protocolaire » de la cour, Bertie se permet des tenues moins formelles, en empruntant aux différents pays visités us et coutumes vestimentaires, notamment le costume tyrolien avec culotte de peau ou la veste de chasse en tweed écossaise. Il impose le smoking noir pour dîner, qui remplace peu à peu le queue-de-pie, mais attention ! à porter nécessairement avec un nœud papillon blanc, le noir étant réservé aux domestiques ! Il lance également la mode du pantalon à revers (pour éviter les taches de boue), les hauts cols de chemise retournés, de même que celle du veston au dernier bouton ouvert. En effet, doté d'un fort embonpoint, Édouard avait pris l'habitude d'entrouvrir sa veste en sortant de table.

Enfin et surtout, c'est à lui que l'on doit le fameux tissu « prince-de-galles », composé de motifs à carreaux armés de pieds-de-poule dans les tons de gris ou beige, agrémentés d'un fil de couleur. Ils avaient été créés sur le modèle des tissus des grands propriétaires fonciers anglais établis en Écosse, ces derniers n'ayant pas le droit d'utiliser le tartan. Cette matière de laine à carreaux (qui sert notamment à confectionner les si célèbres kilts !) était portée depuis des temps immémoriaux par les Celtes pour se différencier les uns des autres, chaque caste étant associée à une couleur. Voulant eux aussi disposer de leur étoffe afin notamment d'habiller leur personnel avec des figures identifiables, les propriétaires fonciers anglais résidant en Écosse ont alors conçu ce nouveau motif. C'est en 1920 que le prince de Galles s'éprend de cette étoffe. Il l'agrémente bientôt de fils colorés et l'adopte, s'y faisant tailler vestons et manteaux. Le port de ce textile à laquelle il donnera bientôt son nom fait scandale : arborer un tissu porté à l'origine par des servants ? C'est insensé !

Mais comme à son habitude, Bertie ne s'en laisse pas conter et l'impose à la cour, se faisant prendre en photographie sous toutes les coutures vêtu de cette étoffe, destinée à devenir bientôt un grand classique de l'élégance britannique.

Les sœurs Tatin

Leur doit-on vraiment ce dessert si renversant ?

Dans le petit village solognot de Lamotte-Beuvron, Fanny et Caroline Tatin tiennent un hôtel-restaurant. Cette auberge est bien connue des chasseurs parisiens, attirés par la région giboyeuse, et de la belle société y faisant escale au cours de leurs voyages sur la toute nouvelle ligne de chemin de fer qui relie Paris et Toulouse. Un dimanche d'ouverture de la chasse, à la fin de l'année 1898, les deux femmes, un peu débordées par l'affluence, auraient malencontreusement enfourné à l'envers leur déjà célèbre tarte aux pommes fondantes. Constatant que les fruits situés en dessous avaient délicieusement caramélisé, elles auraient décidé de la servir telle quelle, pour le plus grand bonheur des clients !

On entend dire que cette histoire ne serait qu'une légende, inventée en 1927 par le grand critique culinaire Maurice Edmond Sailland dans un numéro de son guide *La France gastronomique* pour amuser les journalistes parisiens. Créée de toutes pièces ou non, cette histoire a eu le mérite de faire franchir au dessert des sœurs Tatin – près de dix ans après leur mort – les frontières de Lamotte-Beuvron. Ainsi, dès le début du XXe siècle, les clients du chic restaurant parisien Maxim's se régalent d'une tarte aux pommes renversée.

On raconte cette fois-ci que le propriétaire du restaurant aurait fait espionner les deux sœurs pour subtiliser leur recette, tout en baptisant le dessert « tarte des demoiselles Tatin ». Les fables s'additionnent.

Poursuivons l'enquête. La première version écrite de la recette nous provient de Marie Souchon, institutrice lamottoise et amie de Fanny. Après avoir décrit les étapes nécessaires pour réaliser cette délicieuse tarte, – non sans nous donner l'eau à la bouche avec des « bons morceaux de beurre » et une « bonne couche de sucre en poudre » –, elle précise que cette recette « a été inventée par la cuisinière du comte de Chatauvillard, qui possédait un château à quelques kilomètres de Lamotte-Beuvron et qui a passé la recette à Fanny Tatin »…

Alors, qui croire ? À vrai dire cela n'a guère d'importance, tant qu'il est possible d'en savourer une part ! Aujourd'hui, cette douceur est le plus souvent servie avec de la crème fraîche ou une boule de glace : une hérésie pour les membres de la confrérie des lichonneux, une assemblée de Lamottois créée il y a tout juste quarante ans avec pour mission de « faire respecter la recette traditionnelle du fameux dessert des demoiselles Tatin ». La tarte doit impérativement, selon eux, être servie sans accompagnement, on l'aura compris !

Ce qui n'est pas une histoire, en revanche, c'est le plaisir procuré par cette tarte, comme nous le rappelle un article de l'écrivain et homme politique parisien Gabriel Hanotaux, publié en 1899. Ce dernier nous fait revivre, au milieu des bruits de couverts et des éclats de voix, un repas de chasseurs : « Le diapason monte, éclate, jusqu'au moment où apparaît la tarte de mademoiselle Tatin. […] Un cri de satisfaction part de toutes les poitrines, une joie des yeux va au-devant de la galette triomphale. Elle est découpée, servie, avalée. » À vos fourneaux !

Charles Boycott

Comment un capitaine a-t-il donné naissance, bien malgré lui, au terme de « boycott » ?

Charles Boycott est bien embarrassé. Depuis quelques jours se passent des évènements étranges : ses domestiques ont déserté son manoir, il lui est impossible d'acheter des provisions, ses animaux n'ont plus de fourrage, il ne reçoit plus son courrier… Il subit un véritable ostracisme, une mise en quarantaine. La presse s'empare rapidement de l'évènement. En France, *Le Figaro* titre « L'incident Boycott » dès novembre 1880, et dans toute l'Europe, le nom de famille de ce malheureux Charles rejeté de tous passe presque immédiatement dans la langue courante. Ainsi, le terme « boycottage », ou tout simplement « boycott », fait son entrée dans le dictionnaire français en 1881. On désigne désormais par là une pratique existant depuis des siècles, qui consiste à faire subir une quarantaine à un individu ou un groupe à des fins de protestation ou de condamnation collective.

Que s'est-il passé dans ce petit comté du nord-ouest de l'Irlande pour en arriver là ? Pour le comprendre, il faut remonter trente ans en arrière. En 1849, Charles Cunningham Boycott, capitaine dans les forces armées britanniques, est transféré en Irlande où il s'établit avec femme et enfants. Sur la recommandation d'un ami, il s'installe sur la petite île d'Achill. Il a plutôt mauvaise réputation et se dispute fréquemment avec ses voisins. Aussi quitte-t-il l'île pour la terre ferme, où il devient l'agent de lord Erne, un riche propriétaire. Une de ses principales missions est alors de collecter les loyers dus par les paysans installés sur les terres du comte et sur lesquels il touche 10 % de commission. La plupart sont de pauvres fermiers, des domestiques et autres garçons d'écurie, premières victimes de la Grande Famine. Assez rapidement, le ressentiment de la population monte contre Boycott qui, en plus d'être Anglais, est doté d'un caractère inflexible. Un jour de 1879, les paysans acculés demandent à lord Erne un abattement de 10 % sur leurs loyers, ce qu'il accorde, au grand désespoir de Boycott qui voit ainsi une baisse de ses commissions. Mais les mauvaises récoltes s'accumulent et l'année suivante, la Land League (la Ligue agraire), dirigée par le député Charles Stewart Parnell, réclame un nouvel abattement, cette fois de 25 %. Erne refuse et envoie Boycott expulser les mauvais payeurs. Sous l'impulsion du député Parnell, les paysans décident de mettre Charles Cunningham Boycott en quarantaine, l'empêchant de réaliser les tâches les plus habituelles de la vie quotidienne. Le mouvement va causer la ruine de cet homme, obligé de quitter l'Irlande pour s'installer discrètement dans le Suffolk, dans l'est de l'Angleterre, où il meurt en 1897.

Si l'origine de ce mot est souvent méconnue, sa signification, illustrée à plusieurs reprises dans l'histoire, a outrepassé les frontières, à l'image de Rosa Parks et son boycott des compagnies d'autobus aux États-Unis en 1956 au moment de la ségrégation raciale, soutenu par Martin Luther King !

Louis Braille

Comment son alphabet a-t-il révolutionné la lecture pour les aveugles ?

L'été, on peut le rencontrer assis sur un talus en train de poinçonner une feuille de papier, absorbé par son travail. Loin d'être une activité futile, ces « picotages », comme il les appelle, vont bientôt changer la vie d'innombrables personnes. S'il s'est installé à l'écart de ses frères qui jouent dans le jardin de la maison familiale, c'est parce que le jeune Louis Braille s'est donné une mission : offrir aux personnes non voyantes la possibilité de lire du bout des doigts. Il faut dire qu'il est particulièrement concerné par ce problème étant lui-même aveugle.

Sa vie aurait été tout autre s'il n'avait pas été si curieux. Âgé de 3 ans, il aime regarder son père travailler le cuir dans son atelier de bourrelier. Un matin de l'année 1812, échappant à la vigilance de ses parents, il s'empare d'un marteau et tape sur un morceau de cuir avant que l'outil ne lui échappe des mains et la lame touche l'un de ses yeux. Malgré les soins, l'enfant perd un œil puis le deuxième, atteint par l'infection. Conscient de son triste sort, il demande à sa mère : « J'entends les oiseaux, je ne les vois plus. Pourquoi, maman, me mets-tu dans le noir ? »

Cette malheureuse histoire aurait pu en rester là. Mais malgré son handicap Louis fréquente l'école de son village, apprend oralement ses leçons et est très vite remarqué par l'instituteur. Attentif à son éducation, son père le fait entrer à l'âge de 10 ans à l'Institut royal des aveugles situé à Paris, fondé par Valentin Haüy à la fin du XVIIIe siècle. À cette époque, les non-voyants apprennent à lire grâce à des ouvrages avec des caractères en relief. Le déchiffrement des lettres néanmoins est compliqué. Les professeurs de l'Institut constatent les aptitudes du jeune Braille qui rafle tous les prix de fin d'année. Excellent musicien, il tiendra même quelques orgues de plusieurs paroisses à Paris avant de devenir professeur !

Un jour, Charles Barbier de La Serre vient présenter une de ses innovations à l'Institut : il s'agit d'un sonographe permettant de représenter des sons à l'aide de 12 points en relief. Braille est fasciné ; perfectionniste, il envisage d'améliorer le procédé afin de pouvoir respecter l'orthographe, retranscrire les signes de ponctuation, les chiffres, symboles mathématiques, et même les notes de musique ! Le garçonnet s'attèle dès lors à la création d'un nouveau système, dont il pose les bases à tout juste 16 ans. Trois ans plus tard paraît son livre *Procédé pour écrire les paroles, la musique et le plain-chant au moyen de points, à l'usage des aveugles et disposés pour eux*. C'est l'acte de naissance de l'alphabet qui porte aujourd'hui son nom et qui ne connaîtra presque pas de modifications.

Mais la santé de Louis Braille est chancelante. Souffrant de tuberculose, contractée dans les locaux froids et humides de l'Institut, il succombe en 1852. La patrie reconnaissante, ses cendres seront transférées au Panthéon un siècle plus tard. Le brillant chercheur et inventeur aura ouvert la voie à de nombreux non-voyants, dont la célèbre Helen Keller, première personne aveugle et sourde à obtenir un diplôme universitaire en 1904 et auteure de nombreux ouvrages.

Les frères Montgolfier

Pourquoi ont-ils bouleversé
la façon de voir le monde ?

Il est 15 heures, ce vendredi 19 septembre 1783, lorsque Jean termine d'ensemencer son lopin de terre. Le paysan sait que cette période proche de l'équinoxe est idéale pour planter du froment, qui fera de bonnes racines durant l'hiver. Soudain son oreille est attirée par d'étranges bruits de basse-cour provenant… du ciel ! Le paysan est pris de stupeur par ce qu'il découvre : un immense globe décoré des armes de Louis XVI traverse les airs, à quelques pieds au-dessus de lui. Il n'a guère le temps de réfléchir que surgissent bientôt une quinzaine de cavaliers de la garde royale et de gentilshommes poursuivant l'engin – qui vient d'ailleurs de s'écraser dans le bois de Vaucresson tout proche.

À quelques lieues de là, à Versailles, la foule est en liesse. On vient d'assister à un évènement historique : l'envol du premier ballon habité ! Par des animaux, certes, mais tout de même ! Et parmi les personnes présentes deux hommes jubilent, fiers de l'exploit qu'ils ont réalisé, les frères Montgolfier.

Nés en Ardèche, Joseph et Étienne de Montgolfier sont dotés d'une imagination débordante et rêvent très tôt d'un engin permettant de s'élever dans les airs. Leur devise suffit à montrer leur ambition : *Sic itur ad astra*, « Nous irons ainsi jusqu'aux astres » ! Ils pensent d'abord à capturer des nuages dans une enveloppe et d'y suspendre un panier... Puis c'est en remarquant au-dessus d'un feu de cheminée une chemise s'arrondir sous l'action de l'air chaud qu'ils ont leur idée de génie : l'air chaud étant plus léger que l'air froid, il permettrait de soulever toute sorte de choses. En 1783, après de nombreuses études et des premiers essais concluants, ils font la démonstration de leur invention en public à l'occasion de la tenue des états généraux du Vivarais, à Annonay. Une énorme enveloppe gonflée à l'air chaud constituée de pièces de coton et de fuseaux de papier s'élève à près de 1 000 mètres et parcourt 2,5 kilomètres. La langue française s'empare vite de l'expérience, le *Journal de Paris* offrant dès janvier 1784 la première occurrence du terme « montgolfiére » : la montgolfière est née !

La nouvelle de l'exploit arrive aux oreilles de l'Académie des sciences et du roi, qui invite les frères à lui faire une démonstration à Versailles. Ils décident à cette occasion de réaliser le premier vol habité, en envoyant des animaux en éclaireurs. Notre paysan n'était pas fou, il avait bien entendu un mouton, un canard et un coq lui passer au-dessus de la tête ! Deux mois plus tard, c'est au tour du physicien Jean-François Pilâtre de Rozier et du marquis d'Arlandes de prendre place dans la nacelle. Au départ du château de la Muette, ils effectueront un vol de 9 kilomètres au-dessus de Paris, devenant ainsi les premiers humains à voler ! Les frères Montgolfier sont aussitôt nommés membres associés de l'Académie des sciences et leur père anobli.

L'histoire raconte qu'en novembre 1957, lors de son envol pour l'espace, les pensées de la petite chienne Laïka, premier être vivant à être mis sur orbite, étaient tournées vers le canard, le coq et le mouton des Montgolfier, illustres précurseurs...

Sébastien Bottin

Comment un curé a-t-il créé l'annuaire ?

Il est loin le temps où l'on s'engouffrait dans cette étrange boîte de verre nommée « cabine téléphonique ». Avant d'insérer les pièces pour déclencher le signal, on s'emparait d'un énorme livre qui reposait près du combiné. Ce volume au millier de pages souvent cornées ou même déchirées, appelé alors « annuaire » ou « Bottin », nous était bien utile pour trouver le numéro d'un correspondant… Ce temps que les moins de 20 ans ne peuvent pas connaître, vous vous en souvenez peut-être. Savez-vous qu'il ne serait sûrement jamais advenu sans l'invention d'un curé lorrain révolutionnaire né en 1764 ?

Pour comprendre l'histoire du Bottin et de son origine, il faut remonter en 1700, date de publication d'un ouvrage un peu particulier. Il ne s'agit pas de textes poétiques ou religieux mais d'un recueil administratif présentant chaque année, dans l'ordre officiel des préséances, la liste des membres de la famille royale et des hauts fonctionnaires de l'État. Si sa lecture est clairement rébarbative, il est un véritable succès de librairie : quiconque veut se rapprocher de la cour a, en effet, intérêt à connaître l'organisation de l'État !

Lorsqu'éclate la Révolution française dans les ordres, Sébastien Bottin signe la Constitution civile du clergé avant d'être nommé curé constitutionnel dans sa Lorraine natale. À 32 ans, après des études de statistiques, science alors toute récente et destinée aux compagnies d'assurances, Sébastien a l'idée de répertorier les entreprises dans un annuaire afin de faciliter les échanges commerciaux en s'inspirant de l'*Almanach royal*. Il fonde la Société de l'almanach du commerce et publie annuellement l'*Almanach du commerce de Paris et des principales villes du monde*. Bien que très utile, cette nouveauté ne le rend pas riche et, lourdement endetté, il meurt en 1853. L'histoire aurait pu s'arrêter là si la famille Didot n'avait pas repris le flambeau. Profitant de l'arrivée d'une nouvelle technologie, le téléphone, l'entreprise lance l'annuaire téléphonique dès 1880. Cet annuaire, désigné sous le terme de « Bottin », est un véritable succès !

En 2011, la rue Sébastien-Bottin, dans le 7e arrondissement de Paris, devait être rebaptisée « rue Gaston-Gallimard », à l'occasion du centenaire de la maison d'édition dont les locaux sont sis au numéro 5. Levée de boucliers chez les défenseurs de Monsieur Bottin ! Grâce à leur détermination, seule une portion de la rue Sébastien-Bottin est devenue Gaston-Gallimard. Le prêtre révolutionnaire et inventeur de l'annuaire commercial a donc toujours une rue à son nom, même si elle est bien plus petite qu'avant ! Quand au Bottin papier lui-même, il est relégué au rang de relique, rattrapé par le progrès numérique !

Eugène Poubelle

Pourquoi ce préfet est-il entré dans la vie des français ?

La « Ville lumière » n'a pas toujours été aussi propre qu'on se l'imagine. Jusqu'à la fin du XIXe siècle, les Parisiens jetaient encore leurs ordures par les fenêtres. Les rues étaient jonchées de déchets de toute sorte, tandis qu'au milieu de la chaussée s'écoulaient les eaux usées et nauséabondes. Pour éviter de s'y tremper les pieds, les riches piétons avaient pris l'habitude de marcher sur les bords hauts des voies, tenant ainsi « le haut du pavé » ! Mais l'année 1883 sera celle d'un véritable bouleversement. Le 24 novembre, le préfet Eugène Poubelle signe un arrêté obligeant les propriétaires à acheter des bacs en bois cerclés de métal et munis d'un couvercle afin d'y déposer leurs ordures ménagères, lesquels seront placés devant chez eux pour le service de ramassage quotidien…

Cet homme né en 1831 dans une famille bourgeoise de Caen ne se destinait pourtant pas à une carrière dans la haute administration mais plutôt d'universitaire, comme professeur de droit. Repéré par le président Adolphe Thiers pour servir dans l'administration préfectorale, après avoir occupé différents postes en province, il est nommé préfet de la Seine en 1883. Il devient ainsi en quelque sorte le maire de Paris de l'époque.

Alors que les premières salles de bain font leur apparition dans les appartements, Poubelle décide dès son entrée en fonction de lancer un vaste chantier d'assainissement. Deux mois après sa première grande mesure, il récidive avec un nouvel arrêté, tout aussi polémique que visionnaire, dont l'idée est aujourd'hui au cœur de nos préoccupations. Il prévoit en effet l'organisation du tri sélectif : une boîte réservée aux déchets alimentaires, une deuxième aux chiffons et papiers, une troisième pour le verre, la vaisselle et... les coquilles d'huîtres. Aussitôt, c'est une levée de boucliers. On accuse le fonctionnaire d'être à la solde des fabricants de bacs, d'ajouter de nouvelles charges aux propriétaires ou encore d'imposer un surcroît de travail aux concierges. Dans *Le Figaro*, le journaliste Georges Grison s'en prend aux « boîtes Poubelle », qui vont supprimer le gagne-pain des quelque 30 000 chiffonniers de la ville. Cela n'empêche pas le préfet d'entrer dans l'histoire et son nom dans le *Grand Dictionnaire universel* dès 1890 !

Décrié, il poursuit toutefois sa mission en mettant en place en 1894 le tout-à-l'égout, sommant les habitants de se raccorder au réseau des eaux usées. Cette nouvelle initiative est mieux accueillie par la population, qui souffre moins désormais d'épidémies comme le choléra. En 1896, fort de cette victoire sur l'insalubrité, il quitte son poste pour devenir diplomate, ambassadeur au Vatican puis comte romain, titre honorifique délivré par le pape, avant de mourir à Paris en 1907. Si de nombreuses « boîtes Poubelle » ont été détériorées dès leur pose, l'idée s'est vite étendue dans toutes les villes de provinces. Il faudra néanmoins attendre la fin de la Seconde Guerre mondiale pour que la poubelle soit utilisée couramment !

Pour l'anecdote, la Ville de Paris a quand même donné son nom à une rue du 16e arrondissement, mais c'est une des plus petites voies de la capitale : elle ne possède qu'un numéro !

Louis de Béchameil

Pourquoi la sauce béchamel doit-elle son existence à un marquis ?

Après les potages, hachis et panades apportés au premier service, les bouillons, ragoûts, fricassées et pâtés en croûte feuilletée servis au deuxième, vient enfin le troisième service. Dans une chorégraphie minutieuse, un cortège de gardes apporte alors les rôtis de perdrix, de faisans, de bécasses, de ramiers et de dindons, de poulets et de lapins. Autour de la table on compte quatorze gardes, deux officiers de bouche, le capitaine des gardes du corps et un goûteur.

Ce protocole n'est guère extraordinaire, c'est même ainsi chaque jour ! Rien n'est laissé au hasard quand il s'agit du souper de Louis XIV. Mais c'est un soir particulier. La foule de courtisans qui se presse comme à l'accoutumée pour assister au souper royal a les yeux tournés vers une saucière en argent qui trône au centre de la table : le roi va goûter une nouvelle sauce faite à base de jus de viande et d'échalotes, mise au point par son maître d'hôtel, Louis de Béchameil.

Ancien financier très avisé et fournisseur des armées du roi, celui qui fut marquis de Nointel puis surintendant de la maison du duc d'Orléans avant de devenir maître d'hôtel du Roi-Soleil n'en est pourtant pas à son coup d'essai. Il a en effet déjà su s'attirer les bonnes grâces du roi, dont la gourmandise bien connue (la légende dit qu'il se rendait souvent malade en mangeant à l'excès des petits pois dont il raffolait) est satisfaite par sa cuisine riche et raffinée. Ce n'est pas la première fois que Béchameil effectue des sauces pour Louis XIV, mais celle-ci est spéciale. Finalisée dans les cuisines du château de Nointel, dans l'Oise, elle reprend un monument de la gastronomie française. Sa recette a été élaborée par François Pierre de La Varenne, cuisinier du marquis d'Uxelles, et consignée par ses soins dans son ouvrage incontournable publié en 1651, *Le Cuisinier français*. Pour réaliser cet accompagnement, originellement à base de crème, Pierre de La Varenne se serait lui-même inspiré, dit-on, d'une sauce rapportée d'Italie par… Catherine de Médicis ! On imagine alors pourquoi notre Louis de Béchameil a les mains moites : s'attaquer à un tel héritage gastronomique ? Un aromate de travers et c'est le crime de lèse-majesté !

Mais, on le sait, cette sauce gourmande ravira Louis XIV, qui s'en lèchera les babines. Il ordonnera d'ailleurs qu'on la fasse servir le plus souvent possible. Forte de l'engouement du Roi-Soleil, cet assaisonnement prendra bien vite le nom de celui qui l'aura revisité, Louis de Béchameil. Ainsi connue sur toutes les tables nobles comme la « sauce à la Béchameil », elle se transformera par glissement et par simplification graphique en « sauce béchamel ». Un succès que jalousera le vieux duc d'Escars, qui déclara, un peu amer : « Est-il heureux, ce petit Béchameil ! J'avais fait servir des émincés de blancs de volaille à la crème plus de vingt ans avant qu'il fût au monde et, voyez, pourtant je n'ai jamais eu le bonheur de pouvoir donner mon nom à la plus petite sauce ! »

Louis-Antoine de Bougainville

Comment une fleur a-t-elle pris le nom d'un scientifique ?

Le 21 juin 1767, lorsqu'il pose le pied sur la plage de la baie de Rio de Janeiro après avoir traversé l'Atlantique à bord de la frégate *L'Étoile*, Philibert Commerson a le souffle coupé. Botaniste de renom, il a, à 40 ans, déjà parcouru les mers et témoigné des splendeurs du monde. Cela ne l'empêche pas d'être subjugué par le spectacle qui s'offre à lui : « Au milieu de l'hiver, les oranges, les bananes, les ananas se succèdent continuellement, les arbres ne perdent jamais leur verdure. » Au sein de cette flore exubérante, son œil de spécialiste est attiré par un arbuste inconnu : atteignant parfois une dizaine de mètres, cette plante se distingue non pas par ses fleurs (toutes petites et blanches) mais par ses feuilles (bractées) qui habillent l'arbuste d'une couleur intense.

Ce n'est toutefois pas son propre nom qu'il va donner à cette nouvelle trouvaille. Il préfère la baptiser « bougainvilliée », du nom de Louis de Bougainville, le capitaine de frégate qui l'a emmené avec lui dans son voyage autour du monde ordonné par Louis XV. Un geste de gratitude pour le remercier de l'aventure scientifique à laquelle il participe ? Assurément. Mais pas uniquement.

Fasciné depuis son plus jeune âge par la botanique (sa passion lui a valu d'être interdit d'accès au Jardin des plantes de Montpellier où il avait chapardé, étudiant, des fruits et des fleurs), il est aussi un mari rongé par le chagrin suite au décès de sa femme en couches. C'était sans compter sa rencontre avec Jeanne Barret, sa servante de 13 ans sa cadette, à qui il transmettra sa passion pour l'herborisation et dont il tombera amoureux. Alors, quand il lui est proposé de se joindre à l'expédition dirigée par Bougainville, Commerson décide d'emmener avec lui celle qui lui a redonné le goût de vivre. Les dames n'étant pas admises à bord, la jeune femme doit se déguiser : elle devient alors « Jean Baré », fidèle serviteur qui suivra partout son maître et qui « partagera avec lui sa couche », au nez et à la barbe de tous. Cette idylle tropicale aurait pu tourner court si un certain Bougainville n'avait pas, consciemment ou non, fermé les yeux sur la véritable identité de ce matelot dévoué : « Depuis quelques temps, il couroit un bruit [...] que le domestique de M. de Commerçon, nommé Baré, étoit une femme. Sa structure, le son de sa voix, son menton sans barbe, son attention scrupuleuse à ne jamais changer de linge [...] avaient fait naître et accréditaient le soupçon. »

C'est bien pour avoir laissé cette passion vivre son cours que Louis-Antoine de Bougainville, disciple de l'encyclopédiste d'Alembert, auteur à seulement 25 ans d'un traité de mathématiques, membre de la Royal Society à Londres, avocat au parlement de Paris devenu mousquetaire puis capitaine de frégate, a donné son nom à une plante. Également grand séducteur connu pour son amour des femmes, cette plante nous évoque aujourd'hui les tropiques, la sensualité et l'érotisme. C'est cette même fleur qui sera plus tard offerte à l'impératrice Joséphine, première épouse de Napoléon, férue à son tour de botanique.

Caius Cilnius Maecenas

Pourquoi ce proche d'Auguste initia-t-il la protection des arts ?

Qui se souvient encore que derrière le nom donné depuis le XVIe siècle aux grands bienfaiteurs des arts, que furent François Ier et la famille de Médicis par exemple, se cache à l'origine un homme politique romain ? Pour faire sa connaissance, remontons au Ier siècle avant notre ère. À l'époque, Caius Cilnius Maecenas (francisé en Mécène), descendant dit-on d'une famille étrusque, est déjà l'héritier d'une grande fortune. Il compte de nombreux amis célèbres, parmi lesquels Octave, futur empereur Auguste, dont il devient intime. Conseiller, négociateur, diplomate, Mécène est même chargé des affaires courantes lors des absences guerrières du maître de Rome. Preuve de leur proximité, le chroniqueur Suétone raconte même que « si Auguste était malade, il couchait dans la maison de Mécène »... voire dans son lit, lui qui entretenait une liaison avec Terentia, la femme de son ami !

À la fin de sa carrière politique, Mécène, âgé de 40 ans et désormais simple conseiller, décide de consacrer son immense richesse aux arts. Véritable passion que cet amoureux des lettres, du théâtre et de la musique met aussi au service de la gloire d'Auguste. Piètre auteur lui-même, il n'a pas son pareil pour repérer des talents prometteurs, auxquels il commande de nombreuses œuvres. C'est à l'occasion de ce qu'on qualifierait aujourd'hui de « soirée mondaine » que Virgile présente Horace à Mécène, qui le prend sous sa protection… neuf mois plus tard. Est-ce un hasard pour celui qui était, selon certains, bien plus qu'un ami, un véritable père ?

Horace, Virgile et Properce comptent parmi ses plus célèbres protégés qui, en témoignage de leur gratitude, le feront parfois apparaître dans leurs poèmes : « Mécène, issu d'une ancienne famille de rois, ô mon rempart et ma douce lumière de gloire », chante Horace, quand Virgile lui dédie ses *Géorgiques*. Si l'on parle du « siècle d'Auguste » pour son foisonnement littéraire et artistique, c'est bien grâce à lui !

Mécène met ses ressources à la disposition de ses artistes, jusqu'à son immense demeure construite sur les hauteurs de Rome et transformée en haut lieu de création avec ses salles de spectacle et son auditorium. Les jardins somptueux de la villa accueillent de nombreux concerts, dont l'hôte est friand. Il aime y déambuler avec Horace en pratiquant des vocalises ou en buvant du vin en provenance d'un de ses nombreux et réputés vignobles.

C'est aussi là que durant les trois dernières années de sa vie, on le voit errer jour et nuit en proie à de constantes insomnies, alimentées par ses ennuis conjugaux, jusqu'à son décès des suites d'une maladie nerveuse, en 8 av. J.-C. C'est seulement en 1526 qu'apparaît le terme « mécène » sous la plume de Clément Marot dans son poème « Enfer ». Ce dernier, alors enfermé au Châtelet pour hérésie, rend ainsi un hommage impérissable à ce dénicheur et protecteur de talents, érigé en symbole de la gloire de la Rome antique aux côtés de Virgile.

John Loudon McAdam

Comment cet ingénieur a-t-il modifié le paysage urbain ?

Un homme se tient sur le bord d'une petite route du sud-ouest de l'Écosse. Sain et sauf bien que trempé par la pluie qui ne cesse de tomber depuis le début de la matinée, John McAdam attend que le charron venu jeter un œil à la roue arrière droite de son fiacre lui livre son verdict : la roue cerclée de fer est irréparable ; il faudra compter une journée pour la remplacer. C'est bien trop pour John McAdam qui doit tenir une réunion publique dans l'après-midi à une dizaine de kilomètres de là en vue des élections à la députation pour laquelle il concourt. Pour cet homme ambitieux, né en 1756 dans la petite noblesse écossaise, les embûches ne se mettent sur notre chemin que pour nous obliger à nous élever.

Tout en se massant la nuque, endolorie par l'accident, McAdam pense alors à la dangerosité des routes écossaises et à leur état déplorable. Jamais il n'aurait connu ce contretemps si elles avaient été de meilleure qualité… Il faut dire que leur entretien coûte une véritable fortune. Il décide donc d'agir. Au lieu de creuser des chemins comme on en a alors l'habitude, il s'inspire d'une technique utilisée dans l'Antiquité : déposer sur le sol une couche de gravillons parfaitement calibrés, qui sera ensuite tassée naturellement par la circulation ou par des rouleaux compresseurs. La forme légèrement convexe de la route permettra à la pluie de s'écouler sur les bas-côtés plutôt que de stagner, préservant ainsi la solidité de la chaussée. Voilà enfin des routes qui ne s'érodent pas, qui durent plus longtemps et supportent le poids de n'importe quel véhicule !

En 1783, l'ingénieur est nommé curateur des routes du comté du Ayrshire, puis de Bristol en Angleterre, où il s'installe en 1802. L'invention de McAdam est un véritable succès et s'étend vite aux autres pays d'Europe. En 1827, il devient inspecteur en chef des routes de Grande-Bretagne. Dès lors, sa technique se répand dans le monde entier. Ainsi, dans les années 1830, les routes d'Amérique du Nord et d'Europe se couvrent de ce revêtement que l'on désigne depuis quelques années par le nom de son inventeur : le macadam, entré dans le langage courant. Ce n'est que plus tard, en 1901, que les chaussées macadamisées seront revêtues de goudron (*tar* en anglais), donnant ainsi naissance au Tarmacadam, plus connu sous le nom de « tarmac ». Par son procédé, John McAdam a ainsi rendu la construction des routes moins onéreuse et leur revêtement plus durable, ce qui sera crucial avec l'arrivée de la révolution automobile dès le début du XXe siècle.

Nellie Melba

Comment le nom d'une chanteuse s'est-il transformé en un dessert ?

Nous sommes à Londres, en 1894. Dans le hall de l'hôtel Savoy carrelé de damiers, près des imposantes portes à tambour, un homme et une femme discutent. L'une est enveloppée dans un lourd manteau de fourrure, tandis que l'autre arbore une moustache fournie. Le ton est chaleureux, et pour cause, Nellie Melba et Auguste Escoffier s'entendent à merveille.

Voici quelques mois que la cantatrice australienne se produit régulièrement au Covent Garden. À 33 ans, Nellie Melba (de son vrai nom Helen Porter Mitchell) est au sommet de la gloire. Elle n'a pourtant pas été une enfant prodige, étant alors plus connue pour ses sifflements qui la faisaient passer pour un garçon manqué que pour ses vocalises, et plus intéressée par les mathématiques que par les cours de chant qu'on lui impose. Après la naissance de son fils en 1884, elle nourrit cependant de plus en plus l'envie de chanter, encouragée par son professeur Pietro Cecchi, qui décèle en elle un véritable don et la pousse à se produire en public. Melba fait ses débuts internationaux au théâtre royal de Bruxelles en 1887. Acclamée par le public et la presse, la grande soprano excelle dans la *Traviata*, *Lucia di*

Lammermoor, *La Bohême* ou encore *Lakmé*. C'est le début d'un succès amené à entrer dans la légende.

Melba et le renommé cuisinier du Savoy Auguste Escoffier ont certes déjà eu de nombreuses occasions d'échanger sur l'art, la gastronomie, l'opéra. Mais en ce début de soirée, après une discussion passionnée à propos du personnage de Marguerite du *Faust* joué par la cantatrice, celle-ci offre au chef cuisinier deux fauteuils pour assister au *Lohengrin* de Richard Wagner, opéra dans lequel apparaît un cygne.

Dès le lendemain, pour la remercier, Escoffier fait tailler dans un bloc de glace un superbe cygne, entre les deux ailes duquel il place une timbale en argent couverte de glace à la vanille. Sur ce lit de crème glacée, il installe délicatement des pêches à chair blanche et tendre, au préalable pochées dans un sirop à la vanille. Un coulis de framboises fraîches enfin couvre les fruits, le tout complété d'un léger voile de sucre… Un nouveau dessert est né, qu'Escoffier baptise « pêche au cygne ». Ce n'est qu'en 1899, lorsque César Ritz confiera les cuisines du Carlton de Londres à Escoffier, que l'entremets sera rebaptisé « pêche Melba ». Pourquoi une pêche et non pas des fraises ou une poire me direz-vous ? N'oublions pas que cette composition est pensée par le cuisinier comme un hommage à la grande cantatrice Melba. Or à la différence des poires, les pêches auraient la vertu d'adoucir la voix…

Les grands de ce monde ne s'y sont en tout cas pas trompés. Tous l'invitent à se produire dans leur pays : elle chante à Saint-Pétersbourg pour le tsar Alexandre III, à Vienne pour l'empereur François-Joseph, à Berlin pour Guillaume II, mais aussi pour le président français et bien sûr pour la reine Victoria. Ayant levé des fonds pour l'effort de guerre, elle sera faite dame de l'Empire britannique en 1918 par le roi George V… Une histoire de palaces, donc !

Jean Nicot

Pourquoi a-t-il donné son nom à un composant du tabac ?

Toute régente du royaume de France qu'elle est, Catherine de Médicis n'en connaît pas moins des soucis ordinaires : son fils François souffre de migraines atroces. Sangsues, compresses de peau de baleine, décoctions de cervelles de chat, rien n'y fait ! Mais un jour de l'année 1560, un paquet lui est porté. La lettre qui l'accompagne assure que son contenu, de la poudre de tabac, pourra apaiser les maux du royal malade. La substance aussitôt inhalée, le mal de tête de François II s'estompe. Le pourvoyeur de ce remède est récompensé de ses services en devenant seigneur de Villemain. Ce bienfaiteur, la famille royale le connaît bien puisqu'elle l'a nommé ambassadeur de France au Portugal l'année précédente : il s'agit de Jean Nicot, dont le nom sera associé à jamais au tabac et à l'un de ses principaux composants… la nicotine.

Originaire de Nîmes, Jean Nicot quitte sa ville à 23 ans pour monter à Paris. Curieux de nature et particulièrement cultivé, il se lie d'amitié avec de nombreux savants qui le recommandent au roi François II et se voit confier la mission de négocier des accords commerciaux avec les Portugais. Jean Nicot est aussi chargé d'arranger le mariage de

Marguerite de Valois, la sœur du roi, alors âgée de 7 ans, avec le prince héritier Sébastien, lui-même âgé de 3 ans ! Lourde tâche également qui – comme on le sait – échouera, la future reine Margot étant appelée à un autre destin… Néanmoins, l'ambassadeur ne perd pas son temps, et c'est en fréquentant les ports portugais qu'il découvre le tabac, tout droit venu d'Amérique.

Bien que la plante soit connue depuis Charles Quint, c'est son idée de la prescrire à la famille royale qui lance une véritable mode à la cour. Tout le monde s'empare en effet de cette plante que l'on nomme rapidement « herbe à la reine » en référence à Catherine de Médicis, ou « herbe à Nicot », et à laquelle on confère rapidement toutes sortes de vertus. Mâché, fumé ou inhalé, on dit du tabac qu'il sècherait les plaies, les inflammations, les hémorroïdes, les ulcères, et qu'en plus des maux de tête il soignerait les maux de dents et de gorge. Il serait également réputé pour lutter contre… la toux, impensable aujourd'hui !

C'est en 1753 que le naturaliste Carl von Linné, à qui l'on doit les méthodes de classification du vivant actuelles, choisit le nom de Jean Nicot pour désigner un genre de plante, notamment *Nicotiana tabacum*, cultivée pour la production de tabac. Moins d'un siècle plus tard, deux chercheurs allemands de l'université de Heidelberg isolent une molécule aux effets psychotropes bien connus contenus dans cette *Nicotiana tabacum*, nommée tout naturellement… nicotine ! Quoi de plus cohérent pour Jean Nicot qui, après sa carrière diplomatique, s'attela à la rédaction d'un dictionnaire faisant encore référence de nos jours – le *Trésor de la langue française* – que d'avoir prêté son nom à un terme de la langue française ?

François Barrême

Comment cet homme a-t-il révolutionné la comptabilité ?

À la fin du XVIIe siècle, toutes les voies de Paris sont sales, sombres et biscornues. Il en est une pourtant qui se distingue des autres, la rue Quincampoix. Elle a en effet la particularité d'accueillir une faune aussi spéciale que diversifiée : on y croise non seulement des petits malfrats, des soldats déserteurs, des prostituées, des commis flâneurs ou encore des laquais travestis, mais aussi des courtiers, des banquiers et de nombreux commerçants fortunés ou en passe de le devenir. Réputée pour être un haut lieu de négoce, la rue est si prisée que certains n'ont pour seul bureau qu'une table collée contre un mur ! C'est cette vitalité qui pousse François Barrême à y fonder son « académie du commerce » en 1670, avec un objectif : y dispenser des cours en matière de tenue de comptes. Car il est vrai que Barrême s'y connaît en calculs !

Ce Provençal enseigne les mathématiques avant de se lancer dans le commerce en Italie. Si ses affaires font rapidement florès, c'est en partie parce qu'il a mis au point une technique novatrice : la tenue de compte « en partie double », élément essentiel de la comptabilité, alors science naissante. Il perfectionne ses méthodes de calculs et décide d'en faire commerce. En parallèle à son activité de conférencier rue Quincampoix, il rédige une dizaine d'ouvrages qui deviendront des incontournables, parmi lesquels le *Livre nécessaire pour tous les comptables*. Ce livre que tous les commerçants s'arrachent est en fait un recueil de tableaux prêts à l'emploi leur permettant d'effectuer facilement leurs comptes. L'opus est maintes fois réédité et l'éditeur choisit d'en simplifier le titre en *Barême universel* – amputant par là même, et par mégarde, François Barrême d'un « r ».

Attiré par ses succès et ses méthodes, Colbert, alors ministre des Finances de Louis XIV, le prend sous sa protection. François Barrême occupe ainsi la fonction d'« expert pour tous les comptes et calculs » de la chambre des comptes de Paris et d'arithméticien ordinaire du roi. Rapidement, les comptables ne font plus la distinction de sens entre leur livre de chevet, ce fameux *Barême*, et la technique de comptabilité qu'il propose. Utilisé dans les officines de la rue Quincampoix et dès la fin du XVIIIe, le *Barême* devient un mot courant pour désigner une méthode de comptage, que l'Académie française fixera en « barème » au XIXe siècle.

À sa mort en 1703, son petit-fils Jean-Nicolas, premier commis du ministre des Finances John Law, ne cessera de perfectionner le système de comptabilité mis au point par son grand-père. Rappelons toutefois que si John Law est à l'origine, en 1720, d'un des plus grands scandales financiers de l'histoire de France, notre François Barrême n'y est pour rien !

François Mansart

En quoi cet architecte a-t-il redonné du volume aux habitations ?

Quiconque a été étudiant dans une grande ville ou a dû y loger ses enfants au cours de leurs études ne peut pas être insensible à l'évocation du nom de François Mansart. Cet architecte, en effet, précurseur du classicisme à la française, a donné son nom à un espace bien connu dans nos habitations : la mansarde !

Orphelin dès l'âge de 12 ans, François est élevé par son beau-frère Germain Gaultier, architecte de la ville de Rennes et sculpteur, avec qui il se passionne pour l'architecture. Si bien que dès 1618, le jeune homme peut voler de ses propres ailes et diriger lui-même des chantiers. Ainsi gère-t-il, en tant qu'architecte conducteur de travaux, la reconstruction d'un pont à Toulouse, puis l'édification de la façade de l'église des Feuillants à Paris, rue Saint-Honoré, connue pour ses motifs sculptés particulièrement soignés. Louis XIII, qui fréquente l'église, séduit par la réalisation de Mansart, lui accorde un « brevet d'architecte du roi pour le service de ses bâtiments ». Avec la rénovation du château de Berny, il se fait remarquer par les membres de la haute noblesse qui lui commandent l'embellissement ou la construction de châteaux et hôtels particuliers. Mansart s'affaire sur les châteaux de Montrouge, de Balleroy, les hôtels de Guénégaud, de Jars, Carnavalet ou encore de La Vrillière... Le frère du roi, Gaston d'Orléans, lui confiera même la rénovation du château de Blois. Quelle reconnaissance pour ce fils d'un maître charpentier modeste ! Mansart est un perfectionniste, améliorant sans cesse ses projets, quitte à remettre en cause ses dessins initiaux et à prendre du retard. Sa méticulosité est telle qu'il manque d'ailleurs plusieurs travaux d'envergure comme le palais Mazarin ou celui du Louvre durant la Régence !

Son style se caractérise par des proportions harmonieuses et une réflexion sur la lumière. Il aime à penser les projets « de fond en comble »... Et c'est bien grâce aux combles que Mansart va se faire un nom ! L'architecte pense dans les années 1640 à aménager ce volume accueillant la charpente, habituellement laissé à l'abandon. S'inspirant de l'aile du palais du Louvre construite par Pierre Lescot en 1546, Mansart développe les « combles brisés », offrant ainsi davantage de surface habitable, pour le plus grand plaisir des châtelains. Compromis entre le comble à la française (une toiture droite et pointue) et la terrasse à l'italienne (toit quasiment à l'horizontal, comme au château de Versailles), ce procédé sera rapidement appelé « toiture à la Mansart », puis « à la Mansarde » dès 1676 – soit dix ans après la mort de l'architecte. À partir de 1716 on l'appellera simplement « mansarde ».

De nos jours, la mansarde – terme qui désigne à la fois la forme de la toiture et la pièce aménagée dans les combles – est aussi bien synonyme de lieu de retraite confortable et chaleureux que d'habitation précaire, selon qu'on l'envisage comme un « petit nid douillet » ou comme une horrible « chambre de bonne »... Une question de point de vue !

Achille

Pourquoi ce héros grec valeureux
est-il associé à la faiblesse ?

Des points faibles, le héros grec en a… et pas seulement au talon ! Il est réputé pour être maussade et susceptible, revêtant alors la figure du « bouillant Achille ». Mais celui « semblable aux dieux » est avant tout un guerrier valeureux et un ami fidèle, chanté par Homère, Virgile, Racine ou encore André Gide, connu comme l'acteur incontournable de la guerre de Troie et personnage principal de l'*Iliade*.

Achille est le fils d'un mortel, Pelée, le roi des Myrmidons, et de la nymphe marine Thétis. Afin de le rendre immortel, sa mère le plonge dans le Styx, le fleuve des Enfers. Son éducation est confiée au centaure Chiron, réputé pour sa sagesse et son érudition, qui lui apprend les nombreux talents des Muses (la musique, la poésie, l'éloquence, la diplomatie…), ainsi que le tir à l'arc et la course à pied, d'où son surnom « Achille au pied léger ». De Chiron, il obtient le secret des vertus médicinales d'une plante au pouvoir cicatrisant. Aussi, Pline l'Ancien dans son *Histoire naturelle* nous raconte qu'Achille s'en serait servi pour guérir Télèphe après l'avoir blessé avec sa lance. Baptisée « achillée » d'après le héros, on la retrouvera même dans le kit de première urgence porté par chaque soldat français lors de la Première Guerre mondiale !

Quand éclate la guerre de Troie, Pelée envoie Achille et son inséparable compagnon Patrocle auprès d'Agamemnon, roi de Mycènes et chef de l'armée des Achéens. À la tête des Myrmidons, Achille remporte plusieurs victoires. Il faut dire qu'il dispose de quelques avantages de poids : en plus d'être nourri de moelle de lion et d'entrailles d'animaux sauvages censés favoriser la vigueur et le courage, il est doté d'armes spécialement forgées pour lui par le dieu Héphaïstos !

Cependant, entre un héros et un roi, les choses peuvent très vite devenir électriques… Agamemnon et Achille ne s'entendant pas du tout, ce dernier décide de ne plus combattre auprès du roi. Les égos surdimensionnés empêchent souvent de mythiques collaborations ! Patrocle se lance donc seul contre le héros troyen Hector et meurt sous son fer. C'est un Achille fou de douleur que l'on retrouve devant les murs de la cité troyenne pour défier à son tour Hector. Celui-ci est tué dans un combat singulier par notre héros, qui traîne sa dépouille derrière son char le long des remparts de la ville, avant de la restituer à son père, Priam. C'était sans aucun doute la provocation de trop : lors d'un ultime assaut, Achille est arrêté dans sa course par une flèche empoisonnée décochée par Pâris, le frère d'Hector. On pourrait se rassurer pour la santé de notre héros si l'on se rappelait que sa mère avait pris soin de le rendre immortel en l'immergeant dans le Styx… mais c'est sans compter un léger détail ! Pour plonger son fils dans le fleuve des Enfers, Thétis le tenait par le talon, seule partie du corps restée vulnérable… Et c'est précisément ce talon que Pâris – apparemment bien renseigné – vise avec sa flèche ! Achille s'effondre, mais en succombant, il laisse derrière lui une expression qui nous est familière, le « talon d'Achille », symbole d'une faiblesse cachée.

Joseph Guillotin

Pourquoi a-t-il lui aussi été victime de son invention ?

« Il y a des hommes malheureux. Christophe Colomb ne peut attacher son nom à sa découverte ; Guillotin ne peut détacher le sien de son invention », résume avec justesse Victor Hugo. Loué un temps par le peuple, le malheureux Joseph Guillotin n'est pas parvenu à transmettre à la postérité l'image d'un type bien… ce qu'il était pourtant !

Après avoir enseigné la théologie à Bordeaux, ce Saintongeais né en 1738 enseigne la médecine à Paris. En 1788, lors de la préparation des États généraux, il réclame que le nombre des députés du tiers état soit égal à celui de la noblesse et du clergé réunis. Le texte fait grand bruit et lui vaut même de passer en jugement devant le parlement de Paris. Désapprouvée, la requête est finalement acceptée par Louis XVI. Le professeur de médecine est porté en triomphe par le peuple de Paris.

Lors de la séance de l'Assemblée constituante du 9 octobre 1789, Guillotin soumet un projet de réforme du droit pénal qui lui tient à cœur. Humaniste, il ne supporte pas qu'en fonction de leur rang, les coupables subissent les tortures « traditionnelles », qu'il considère déjà d'un autre âge… L'affaire du supplice de Robert-François

Damiens perdure dans toutes les mémoires. En 1757 en effet, cet homme est condamné à mort pour avoir tenté de tuer Louis XV. Mais l'exécution de sa torture s'avéra particulièrement pénible… Damiens étant de constitution robuste, il faudra aux bourreaux pas moins de soixante tentatives d'écartèlement pour que (au bout de plus d'une journée entière de supplices à base d'huile bouillante, de plomb, de résine et de cire fondus) le malheureux succombe enfin ! Une véritable horreur qui marquera à jamais la foule réunie pour assister au spectacle.

Guillotin propose ainsi que l'exécution de la peine capitale soit réalisée par une machine mécanique et que cette procédure devienne la norme pour tous. Les députés applaudissent l'idée du philanthrope et adoptent sa réforme en 1791. Le 27 avril 1792, un voleur et assassin entre dans l'histoire de France comme la première personne à être décapitée par la « louisette », machine conçue par le chirurgien Antoine Louis et Guillotin. Cet engin imaginé pour « couper net » épargne d'atroces souffrances aux suppliciés, jusque-là « décollés » par des haches aux lames mal affûtées, – les bourreaux devant alors s'y reprendre à plusieurs fois…

Un jour, Guillotin a ce mot devant l'Assemblée : « Avec ma machine, je vous fais sauter la tête en un clin d'œil, et vous ne souffrez point. » L'expression malheureuse « ma machine », reprise par de nombreuses chansons de l'époque, associe immédiatement l'engin à Guillotin, à son grand désespoir ! Le « rasoir national », comme on avait coutume de l'appeler, s'abat pour la dernière fois en septembre 1977. Quant à Guillotin, il faillit lui-même être victime de sa machine ! Emprisonné sous la Terreur, il ne dut son salut que grâce à la chute de Robespierre. Ça s'est joué à un fil… du rasoir.

Mathusalem

Pourquoi cet homme a-t-il donné lieu à l'expression « vieux comme Mathusalem » ?

Il aurait vécu 969 ans, pas étonnant donc que son nom ait donné l'expression « vieux comme Mathusalem » ! Presque une éternité. Et « l'éternité, c'est long… surtout vers la fin », comme le confesse Woody Allen. Mais quel est donc son secret de jouvence ?

Apparaissant dès la Genèse, Mathusalem est le personnage de la Bible qui bat tous les records de longévité. Son père, pourtant, est le personnage de la tradition réputé pour être mort le plus jeune… à 365 ans seulement ! Faible performance… Mathusalem est un des patriarches de la Bible, un des chefs des grandes familles descendantes d'Adam. Bien que vigoureux, il semble avoir des problèmes de fertilité puisqu'il doit attendre l'âge de 187 ans pour concevoir son premier fils, Lamech. Si le personnage de Lamech ne vous dit rien, il est pourtant une figure centrale de la tradition : il s'agit en effet du père de Noé, le héros à qui Dieu a ordonné de fabriquer une arche à bord de laquelle toutes les espèces animales ont été sauvées au moment du Déluge. C'est précisément l'année du Déluge que Mathusalem aurait rendu son dernier souffle.

Dans la tradition juive manuscrite, Mathusalem – qui en hébreu, « Methushela », signifie « celui qui a congédié la mort » – est présenté comme un homme beau, fort et savant. Savant, il l'était sans aucun doute puisque les textes avancent qu'il aurait étudié durant plus de cent ans ! Il serait aussi l'auteur de plusieurs ouvrages. Chacun sait que la rédaction d'un livre représente un travail de titan, mais on veut bien croire qu'en 969 années de vie, Mathusalem aura eu le temps de s'atteler à quelques travaux d'écriture ! Et c'est sûrement cette activité, excellente pour la santé de l'esprit, qui l'a maintenu en vie si longtemps. L'histoire ne dit cependant pas s'il pratiquait aussi du sport afin de se tenir en forme…

Toujours est-il que même s'il a vécu très vieux, son nom a quant à lui connu davantage de longévité : tandis que l'expression « vieux comme Mathusalem » renvoie à l'ancienneté d'une chose ou d'un objet et à son caractère vieillot, un « mathusalem » désigne aujourd'hui une bouteille de vin de six litres. Nul ne sait vraiment l'origine de cette appellation, mais peut-être l'explication réside-t-elle dans l'expression bien connue : « Un verre de vin par jour éloigne le médecin pour toujours » ! Du moins pendant 969 ans…

Fiacre

Pourquoi le nom de ce moine a-t-il fini en moyen de transport ?

Il est des mots datés qui suscitent immédiatement des images dans nos esprits. « Fiacre » en fait parti : dans un Paris brumeux, les hommes vêtus de noir arborent un air sérieux tandis que les dames réajustent leur chapeau à voilette. Massés sur le trottoir, ils laissent passer une voiture tirée par deux chevaux. Les roues cerclées de fer et les sabots font un raffut de tous les diables. Le Paris de Maupassant ressurgit, *Bel-Ami* n'est pas loin.

Ce terme viendrait d'un moine du même nom, saint patron des jardiniers et guérisseur de nombreux maux… La légende raconte que Fiacre était un ermite irlandais arrivé en France au début du VIIe siècle. Accueilli par l'évêque de Meaux, il obtient de lui une terre dans la forêt de Brie et y installe son ermitage. Développant rapidement un jardin de plantes médicinales, Fiacre se fait connaître pour ses dons de guérison par les pauvres et les malades qui affluent aussitôt vers lui. Il construit alors un monastère et un hospice autour desquels se développe un petit bourg, aujourd'hui appelé « Saint-Fiacre-en-Brie » en son honneur.

Afin d'agrandir son domaine, il obtient de l'évêque de Meaux l'autorisation d'occuper tout l'espace. Tandis qu'il trace les limites de ses terres à l'aide de son bâton, un miracle survient : le bâton se transforme en bêche, les arbres s'abattent et le fossé se creuse tout seul ! Une femme assiste à cet événement, se rend chez l'évêque et accuse saint Fiacre de sorcellerie. Attristé d'être ainsi pris à partie, ce dernier s'assied sur une pierre qui se creuse jusqu'à épouser ses formes. Ébloui, l'évêque reconnaît que Fiacre vient d'être touché par la grâce.

Dès lors saint Fiacre ne cessera d'être invoqué. Il aurait notamment aidé Anne d'Autriche à donner naissance à Louis XIV et guéri une fistule mal placée faisant souffrir le Roi-Soleil. Mais quel rapport, me demanderez-vous, avec le véhicule qui porte son nom ? Nous y voici. Au XVIIe siècle, nombreux sont ceux venant effectuer un pèlerinage dans la ville du saint, en empruntant souvent des « carrosses de louage ». L'usage de ces voitures, introduit par un entrepreneur venu d'Amiens, Nicolas Sauvage, remplace les porteurs à bras. Et le bureau de location se trouve dans un hôtel particulier parisien dont l'enseigne représente… saint Fiacre ! Il est en effet sis rue Saint-Antoine, sur le chemin du pèlerinage, d'où le nom de l'auberge. L'entreprise de Sauvage reconnue pour la qualité de son service, des concurrents se mettent alors à louer eux aussi des carrosses et, bien inspirés, reprennent l'image de l'ermite. Le succès de ce moyen de transport est tel que les rues de Paris en sont bientôt remplies. Le terme « fiacre » devient un nom commun dès 1650, comme le rapporte le grammairien Gilles Ménage, dans son *Origine de la langue française*. Il n'en faut pas plus pour que Fiacre se métamorphose en saint patron des voitures de louage et, quelques siècles plus tard, des taxis et des VTC !

François Belot

Comment cet homme a-t-il popularisé un jeu de cartes ?

Si je vous dis : « Valet, 9, as », vous me répondez sans hésiter : belote ! C'est en effet l'ordre des cartes maîtresses à l'atout de ce jeu de cartes qui s'est imposé en France comme l'un des plus populaires. Trente-deux cartes, quatre joueurs, deux équipes : les partenaires sont assis l'un en face de l'autre. Au cours d'une manche, l'une des équipes s'engage à faire plus de points que l'autre : c'est en respectant ce contrat fixé par soi-même que l'on peut gagner ou non la partie. Ces règles à la fois singulières et simples font de la belote un jeu toujours synonyme de bons moments passés en famille ou entre amis. Il semble en effet adapté à toutes les situations : après un repas copieux, dans un train, un café bondé, etc. Mais d'où viennent ce jeu et ce nom si malicieux ?

Héritière de ces temps où l'on inventait ses propres règles – quand on ne perpétuait pas celles qui avaient cours depuis des temps immémoriaux dans sa famille –, la belote reste aujourd'hui l'un des jeux de cartes occidentaux les moins codifiés. On en trouve ainsi différentes variantes parmi lesquelles la coinche ou belote bridgée, la belote de comptoir, ou encore la belote découverte lorsqu'on joue à deux...

L'arrivée de ce jeu en France n'est pourtant pas si ancienne qu'on pourrait le croire : elle date seulement du tout début du XXe siècle ! La légende raconte que ses règles sont apparues aux États-Unis au XVIIe siècle, avec l'immigration des Juifs d'Europe centrale et de l'Est. Des diamantaires américains allant s'établir aux Pays-Bas auraient ensuite popularisé le jeu qui prendra le nom de *jass* (« valet »). Et c'est justement aux Pays-Bas qu'un Français du nom de François Belot – faisant fi de la Première Guerre mondiale qui fait alors rage – décide de partir en voyage d'affaires. Là-bas, il prend tellement plaisir à jouer au *jass* qu'il en rapporte les principes en France. Le jeu se propage et adopte rapidement le nom de celui qui l'aurait introduit dans l'Hexagone : la belote est née ! Cette histoire aurait pu s'arrêter là si les sources n'étaient pas discordantes… Certaines affirment en effet que Belot n'avait pas pour prénom François mais Henri ! Alors, François ou Henri ? Il est fort probable qu'aucun des deux n'ait jamais existé, et que ce Français voyageur ait servi d'incarnation à un glissement de langage… Le nom de ce jeu si populaire viendrait de l'expression « bel atout », qui se serait déformée en « belote » sous la patine des années et des différents patois.

Quoi qu'il en soit, l'engouement français pour la belote ne se démentira pas, éclipsant même certains autres jeux de cartes, comme en témoigne la chanson de la vedette de music-hall Mistinguett, dont voici un extrait :

« On ne joue plus maintenant le zanzi
Hein ! Nini, c'est fini
La manille, les cartes et le bézig
Ce n'est plus pour mézigue
À la gare et même au bout du quai
Le piquet, le jacquet

Ces trucs sont cuits
Ont r'çus un coup d'buis
À leurs places aujourd'hui

On fait une petite belote
Et puis ça va
Tout le reste c'est d'la gnognote
À côté d'ça ».

Crésus

Pourquoi est-il associé à la richesse ?

Qui n'a pas jamais eu son nom en tête au moment de passer à la caisse ? On a craqué dans cette boutique de vêtements ou dans ce restaurant, et quand vient le temps de mettre la main au porte-monnaie on s'exclame : « Ah ! si j'étais riche comme Crésus ! » Il est évident que la vie serait plus simple… Mais pourquoi assimile-t-on une personne extrêmement fortunée à ce Crésus ?

Dernier roi de Lydie (dans l'actuelle Turquie) au VIe siècle avant notre ère, Crésus est doté d'une richesse extrême, grâce à laquelle il fait des offrandes généreuses aux temples grecs – il contribue notamment à la reconstruction du temple d'Artémis à Éphèse, l'une des sept merveilles du monde antique –, ou encore à l'oracle de Delphes, qu'il consulte régulièrement. Il n'oublie bien évidemment pas de se faire construire de somptueux palais et de s'entourer des plus beaux trésors de son temps.

L'extraordinaire fortune du souverain grec ne lui est pas tombée du ciel : elle reposait sous ses pieds ! Les sous-sols de la Lydie sur laquelle il règne regorgent de minerais de premier choix (or, argent, cuivre…) qu'il a su exploiter, lui assurant une grande prospérité. Crésus s'enrichit surtout grâce à la rivière qui traverse son royaume d'Asie Mineure et dont chacun a déjà entendu le nom… le Pactole. Ce cours d'eau éponyme a la particularité de charrier des sables contenant de l'or, propriété que la légende fait remonter aux temps mythologiques. Lorsque Dionysos, pour remercier le roi Midas de ses services, lui accorda un vœu, ce dernier demanda à pouvoir transformer tout ce qu'il touchait en or. Seulement voilà, il lui fut impossible de manger et de boire, ses aliments se changeant à leur tour en or ! Pour se défaire de ce sortilège, il fut contraint de s'immerger dans le Pactole. C'est au XVIIe siècle, sous la plume de Boileau, que le nom de cette rivière devient synonyme d'une source abondante de richesse.

Ce Pactole, que Crésus a véritablement « touché », et ces trésors souterrains n'ont malheureusement pas assuré une bonne destinée à notre antique roi, à en croire la liste des catastrophes qui se sont abattues sur lui par la suite : la mort prématurée de l'un de ses fils, victime d'un accident de chasse ; la chute de son propre empire (que l'oracle lui aurait pourtant prédit) sous l'offensive du grand roi des Perses, Cyrus II dit le Grand, en 546 av. J.-C. ; son emprisonnement et sa condamnation à mort à laquelle il réchappera, cette fois-ci grâce au ciel… Selon l'historien grec Hérodote, Crésus fut en effet placé sur un grand bûcher sur ordre de Cyrus, qui voulait voir si ce roi était vraiment doué, comme on le disait, de forces surnaturelles susceptibles de le sauver des flammes. Le Perse alluma le feu et Crésus invoqua Apollon. C'est alors que le ciel, jusque-là paisible, s'assombrit et qu'une pluie dense accompagnée d'un vent violent vinrent éteindre les flammes. Aussitôt convaincu, Cyrus le nomma conseiller. Si l'argent n'a pas fait le bonheur de Crésus, la chance lui aura au moins sauvé la vie !

Constance Quéniaux

Pourquoi ce modèle sans visage est-il entré dans l'histoire ?

Khalil-Bey est fier de sa nouvelle acquisition. Ses amis se pressent dans son hôtel particulier parisien pour admirer le nouveau tableau qui, depuis l'été 1866, vient s'ajouter à l'immense collection du diplomate ottoman. Contrairement aux autres peintures, celle-ci est dissimulée par un tissu vert qu'il faut soulever pour admirer l'œuvre. Pourquoi tant de pudeur ? Parce que la peinture représente le sexe et le ventre d'une femme nue… Si le modèle pose les cuisses écartées, son visage, lui, n'est pas peint par l'artiste. Vous l'avez compris, il s'agit de la fameuse *Origine du monde* de Courbet !

En dépit de sa vocation à rester secrète, la toile devient extrêmement célèbre et fait beaucoup parler d'elle au fil de ses rachats au cours des XIXe et XXe siècles. Le tableau intrigue par son audace et fascine par le mystère dont il est nimbé : qui est cette femme sans figure dont on ne connaît que les parties intimes ?

Après de nombreuses hypothèses opposant pendant un siècle et demi critiques et historiens de l'art, l'énigme digne de *Da Vinci Code* est enfin résolue ! C'est en 2018 en effet que Claude Schopp fait une découverte totalement fortuite. Alors qu'il effectue des recherches sur l'écrivain Alexandre

Dumas fils dont il projette d'écrire la biographie, il tombe sur une lettre de 1871 rédigée par l'écrivain à propos de Gustave Courbet. On peut y lire ceci : « On ne peint pas de son pinceau le plus délicat et le plus sonore l'intérieur de Mlle Quéniaux de l'Opéra. » On connaît ainsi le nom du modèle !

Qui est Constance Quéniaux ? À l'âge de 14 ans, celle qui naît de père inconnu et grandit dans la pauvreté, s'installe à Paris pour réaliser son rêve : devenir petit rat de l'Opéra. Le succès n'est pas au rendez-vous et la jeune femme doit se contenter de rôles secondaires. Pour subvenir à ses besoins, elle est contrainte de monnayer ses charmes, activité grâce à laquelle elle s'enrichit et intègre la mondanité parisienne. Elle pose pour de célèbres photographes, fait parler d'elle dans les journaux et devient la maîtresse d'un certain Khalil-Bey. Et ce dernier la choisit tout naturellement pour servir de muse à Courbet ! Constance connaît le peintre, qui lui a offert un de ses tableaux quelque temps auparavant. À 34 ans, Constance se déshabille devant Courbet. En s'allongeant devant le chevalet du maître, elle entre anonymement dans l'histoire.

Les années passent. Désormais dotée d'un capital financier conséquent, Constance s'achète une somptueuse villa à Cabourg et se range. Engagée dans plusieurs associations, elle dédie le reste de sa vie à la philanthropie. Lorsqu'elle s'éteint en 1908, seule et sans enfants, celle qui vécut autrefois dans la plus grande misère ignore qu'elle deviendra bientôt l'objet d'un des plus grands mystères de la peinture !

Michel Bégon

Pourquoi un cousin de Colbert donna-t-il son nom à une fleur ?

On le sait, la mer est parfois capricieuse. Elle engloutit souvent les navires qui la bravent, faisant périr les hommes et les cargaisons. Au cours de cette année 1692, un galion disparaît au milieu de l'Atlantique avec à son bord matelots et explorateurs, mais aussi un chargement un peu spécial : des plantes tropicales prélevées par le naturaliste Charles Plumier, qui souhaite les faire parvenir au roi de France. Les seules traces restantes de ces herborisations sont des planches et des carnets de croquis du père Plumier voyageant dans un autre navire, qui jette l'ancre dans le port de Marseille. Dans ces carnets, on découvre les dessins d'une plante aux petites fleurs fragiles, légendées d'une phrase : « *Begonia* – En hommage à mon bienfaiteur. » Mais qui est donc ce bienfaiteur ?

Dans la famille Bégon, les hommes s'appellent toujours Michel et, pour ne pas les confondre, on leur attribue des numéros. Celui qui nous intéresse ici est Michel V, dit aussi le « grand Bégon » en raison de sa stature. Issu d'une famille de noblesse de robe, il fréquente dès son adolescence le frère du roi de trente ans son aîné, Gaston d'Orléans, qui dans son château de Blois l'initie aux antiquités, aux collections de curiosités, d'animaux, et bien sûr de plantes… Colbert, alors secrétaire d'État à la Marine et surtout cousin par alliance de Michel V Bégon, fait entrer ce dernier dans la Marine royale. Faire jouer ses relations peut toujours s'avérer utile ! Après des fonctions dans la magistrature, Bégon devient donc trésorier de la Marine à Toulon, commissaire général à Brest puis au Havre, avant d'être envoyé en 1682 en qualité d'intendant aux Antilles françaises, que les marins appellent poétiquement « îles du Vent ». Sillonnant la Martinique, la Guadeloupe et Saint-Domingue, il se passionne notamment pour la flore locale.

De retour en métropole, Bégon est chargé par Louis XIV de mettre sur pied une mission d'exploration aux Antilles afin d'étudier les fleurs des milieux tropicaux. Il choisit notamment le naturaliste et habile dessinateur marseillais Charles Plumier. C'est ainsi, tandis qu'il herborise dans une forêt de Saint-Domingue, que Plumier découvre six petites plantes herbacées qui semblent appartenir au même genre et dont il fera les croquis que l'on sait. En hommage à celui qui lui a permis de participer à cette expédition, première d'une longue série, Plumier donne à cette petite plante le nom de « bégonia ».

L'heureux Bégon alors passé à la postérité – à la différence de Plumier dont les qualités et les trouvailles tarderont à être reconnues à leur juste valeur – a entre-temps été affecté à Rochefort, le plus grand arsenal du royaume, qu'il s'attèle à moderniser. Grâce aux efforts de Plumier et de Bégon, Rochefort devient célèbre pour ses importations de plantes exotiques. Et c'est tout naturellement que la cité a été choisie pour accueillir le plus grand musée du monde consacré au bégonia, le Conservatoire national du bégonia, situé rue… Charles-Plumier.

Falvius Anicius Olibrius

Était-il un empereur si bravache ?

« Bougre d'olibrius ! » Qui ne connaît pas ce célèbre juron du sympathique et bourru capitaine Haddock, héros de la bande dessinée d'Hergé ? Si nous regardons un peu en arrière pour mieux comprendre l'origine et la signification de cette expression, nous remarquons que de multiples personnages de l'Empire romain portent le nom d'Olibrius.

L'un des plus fameux d'entre eux est l'empereur Flavius Anicius Olibrius. Cet ex-consul de l'Empire romain d'Orient est connu pour avoir souvent échoué dans ses entreprises. Il est marié à Aelia Galla Placidia, fille de l'empereur Valentinien III. Lors du second sac de Rome par les Vandales, en 455, cette dernière est prise en otage. Olibrius se rend alors à Constantinople où il cherche à faire libérer sa promise par tous les moyens, sept années durant, ce qui lui coûte un temps précieux et l'éloigne du pouvoir.

L'homme a en effet des ambitions étatiques mais passe à deux reprises à côté du trône, échecs qu'il doit à plusieurs concours de circonstances. Lorsqu'en 472 il réussit à accéder au pouvoir, il n'en profitera pas longtemps : une hydropisie met brutalement fin à son piètre règne qui n'aura duré que trois mois. À sa décharge, il semble que cette maladie soit l'apanage des grands, puisque de l'empereur Hadrien à Ludwig van Beethoven en passant par Pépin le Bref et saint Thomas d'Aquin, nombreux sont les illustres personnages à avoir succombé d'une telle affection ! Olibrius pourrait s'en trouver rassuré si l'histoire n'avait pas retenu seulement de lui l'image d'un personnage sans valeur, extravagant et ridicule, un peu bravache. « Me donner toujours le temps de réfléchir quand on me parle, au lieu de faire l'olibrius et le marquis de comédie », écrira Stendhal, quelques siècles plus tard.

Son patronyme est aussi celui du préfet d'Antioche, en Turquie, connu pour la décapitation en 275 de sainte Marguerite qui avait refusé ses avances après avoir fait vœu de chasteté. Bien que suppliciée, sainte Marguerite connaîtra une meilleure postérité que son bourreau : elle fera partie des trois saints qui apparaissent à Jeanne d'Arc pour lui confier sa mission ! Cette tragédie se confond d'ailleurs étrangement avec celle de sainte Régine, jeune Gauloise de 16 ans, persécutée avant d'être décapitée par un gouverneur amoureux d'elle. Nous sommes alors en 252 ; autres temps autres mœurs… Ce gouverneur qu'elle avait éconduit répond, vous vous en doutez, au nom d'Olibrius !

La coïncidence est difficile à croire, je vous l'accorde, mais c'est elle qui est à l'origine, dès 732, de l'évocation dans les arts d'un personnage nommé Olibrius. Dans les mystères, genre théâtral populaire apparu au XVe siècle, « faire l'Olybrius » désigne le comportement d'un homme louche et bizarre, souvent cruel. Il est évoqué par le serviteur Mascarille, protagoniste de *L'Étourdi ou les Contretemps* de Molière : « Mettons flamberge au vent et bravoure en campagne, faisons l'Olibrius, l'occiseur d'innocents ». Tout est dit.

Samuel Colt

Comment un jeune scientifique a-t-il eu l'idée d'inventer une arme ?

« Tu vois, le monde se divise en deux catégories : ceux qui ont un pistolet chargé et ceux qui creusent. Toi, tu creuses. » Cette arme dont se targue le personnage joué par Clint Eastwood dans *Le Bon, la Brute et le Truand*, tout le monde sait à quoi elle ressemble : crosse en Bakélite noire, long canon chromé et surtout barillet contenant six balles… Pas n'importe quel pistolet donc : un colt, instrument qu'il vaut mieux avoir sur soi si l'on est provoqué en duel !

Même s'il a donné son nom à cette arme qui a changé la face de l'Ouest américain, Samuel Colt n'est pas un homme violent. C'est un enfant calme, avant tout attiré par les sciences alors en plein bouleversement en ce début du XIXe siècle. Sa passion est telle que ses parents le retrouvent souvent dans sa chambre, plongé dans une encyclopédie scientifique. Il se rêve inventeur de génie et se lance dans de nombreuses expériences. À l'âge de 15 ans, il fabrique par exemple une mine sous-marine actionnée par une impulsion électrique… et ça fonctionne ! Un peu plus tard, tandis qu'il flâne aux abords d'un saloon, il entend des soldats parler de leur pistolet. Si leur fusil à canon est performant, il leur est toutefois impossible de tirer cinq à six fois, ce qui peut être handicapant. Il n'en faut pas plus à Samuel Colt pour se mettre en tête d'être l'inventeur d'une telle arme !

Après des années de tests peu concluants, et parfois même catastrophiques (lors d'un essai, l'arme explose dans les mains du tireur !), il réussit à mettre au point un pistolet doté d'un barillet permettant de tirer plusieurs coups sans le recharger. En 1832, à peine âgé de 18 ans, Colt dépose le brevet de son invention et lance dès 1836 la production du Colt Paterson. Le jeune prodige convainc l'armée du tout nouveau Texas d'en équiper les rangers en guerre contre les Mexicains et les Amérindiens.

Désormais à la tête d'une véritable entreprise, Colt perfectionne ses modèles et développe de nouveaux calibres, plus légers, plus fins comme les Dragoon, adoptés par les régiments de cavalerie, ou encore les Pocket Revolvers particulièrement maniables, préférés par les conducteurs de diligence, la police et les particuliers. Entre 1848 et 1873, 340 000 armes sortent des usines de Samuel Colt ! Un véritable succès. Il faut dire que Colt a un sacré sens de la publicité : il fabrique des modèles spéciaux décorés de dorures qu'il offre aux grands de ce monde (monarques européens, tsars russes). En 1855, il construit la plus grande usine de production privée du monde avec une fabrication allant jusqu'à 150 exemplaires par jour. Colt est tellement associé à la conception revolver que son nom en est devenu le synonyme dès sa création. À sa mort en 1862, Samuel Colt, devenu richissime, aura réalisé son rêve, changer la face du monde grâce à son invention. On lui prêtait d'ailleurs souvent ce mot : « Dieu a fait des hommes grands et d'autres petits, je les ai rendus égaux. » Égaux ? Encore faut-il être celui qui dégaine le plus vite, sinon… on creuse…

Anna Pavlova

Comment son nom s'est-il transformé en un célèbre dessert ?

Tout en grâce et en légèreté, Anna Pavlova semble à peine effleurer le sol sur les images en noir et blanc qui la représentent au faîte de sa gloire, au début du XXe siècle. On comprend mieux pourquoi un pâtissier inspiré décida de créer en son honneur un dessert tout aussi aérien.

Quand la mère de la petite Anna emmène sa fille assister à l'une des premières représentations du ballet de *La Belle au bois dormant*, c'est la révélation : la petite fille est tout de suite passionnée par ces corps qui tourbillonnent et s'envolent. C'est décidé, Anna, de famille modeste, sera danseuse. À 11 ans, elle entre ainsi à l'École impériale de danse de Saint-Pétersbourg. Les débuts sont difficiles : en raison de ses faibles chevilles et de ses jambes trop fines, la chétive Anna subit les moqueries des autres ballerines. Mais c'est précisément de sa fragilité que jailliront sa force et la délicatesse de ses mouvements, attirant bientôt l'attention du maître de ballet Enrico Cecchetti. Grâce à son soutien, la jeune Anna rejoint la grande compagnie du théâtre Mariinsky en 1899. Elle a à peine 18 ans.

Quelques années plus tard la légende naît. Inspiré du « Cygne », treizième mouvement du *Carnaval des animaux* de Camille Saint-Saëns, le chorégraphe Michel Fokine crée *La Mort du cygne* pour la jeune danseuse. L'interprétation émouvante d'Anna en fait, aux yeux du monde entier, la plus grande danseuse classique de tous les temps. La frêle enfant autrefois objet de raillerie de la part de ses camarades entre ainsi au panthéon de la danse et devient la première ballerine à parcourir le monde avec sa propre compagnie.

Son talent est acclamé en Amérique du Nord, en Inde, ou encore au Japon. Durant une de ses tournées en Océanie, elle séjourne dans un hôtel de Wellington, où son passage fait sensation. Le chef cuisinier est tellement épris par la grâce de la danseuse qu'il crée pour elle ce fameux gâteau à la meringue décoré de fruits. Une pâtisserie d'une légèreté incroyable où le craquant sucré de l'extérieur tranche avec l'onctuosité de l'intérieur et l'acidité des fruits, et dont on trouve une première mention dans un livre de recette datant de 1933. Léger le pavlova ? Pas tant que cela en réalité, car il est l'objet d'une véritable dispute entre la Nouvelle-Zélande et l'Australie ! Les deux pays revendiquent en effet la paternité du dessert, ce qui n'est pas rien tant il a une importance dans la gastronomie de cette région de l'hémisphère sud : il est l'un des mets traditionnels de la période estivale, autrement dit… des fêtes de Noël !

Si le gâteau qui assurera la postérité d'Anna Pavlova en dehors de la scène est né à l'occasion d'une de ses tournées, c'est pourtant au cours de l'une d'elles que la légende va s'éteindre… En 1931, entre deux représentations à La Haye, Anna contracte une grave inflammation pulmonaire et décède, à 50 ans à peine. On raconte que dans ses derniers instants, elle aurait demandé qu'on lui apporte son costume de cygne porté dans le ballet qui l'avait rendue éternellement célèbre.

Le marquis de Frangipani

Comment le nom d'un parfumeur est-il devenu celui d'une crème patissière ?

Quel est le point commun entre les pratiques vestimentaires des armées de Louis XIII et l'une des spécialités françaises consommée chaque année à l'Épiphanie ? Pour le savoir, il faut remonter au milieu du XVIIe siècle et faire la connaissance d'un certain Pompeo Frangipani, marquis et maréchal de France.

À l'époque, les soldats du roi portent tous des gants et des souliers qui exhalent une forte odeur de cuir. Pour la masquer, le marquis de Frangipani, chimiste et parfumeur, met au point vers 1640 des « gants de frangipane » imprégnés d'une fragrance à base d'amandes amères. Le point de départ d'une mode qui va perdurer jusqu'au XIXe siècle, à en croire les nombreuses évocations littéraires retrouvées dans les célèbres *Lettres* de Balzac ou dans le *Capitaine Fracasse* de Théophile Gautier : « Un feutre blanc à plume incarnadine se balançait à la main emprisonnée dans un gant à la frangipane », peut-on y lire.

Pompeo Frangipani, descendant d'une puissante famille de nobles italiens de la Rome médiévale, aurait confié sa recette à son pâtissier. Ce dernier aurait alors eu l'idée de l'utiliser pour fourrer les « tourtes de frangipane », faites de crème, de pistaches pilées, d'amandes et de sucre, parsemées parfois d'écorces de citrons ou d'oranges confits. Attention, rien à voir avec la crème d'amandes seule qui elle, entre dans la fabrication du pithiviers, rappellent les puristes !

Pompeo n'est pas le seul Frangipani à être entré dans l'histoire. Il dispute même parfois avec certains de ses aïeux la paternité de cette fameuse crème. On raconte ainsi que c'est son grand-père, Mutio de Frangipani, botaniste de son état qui, lors de son voyage aux Antilles en 1493 (l'histoire ne dit pas s'il accompagnait Christophe Colomb) aurait été attiré à l'approche des côtes d'Antigua par un délicieux parfum, exhalé par le *Plumeria alba*, arbuste renommé « frangipanier » en l'honneur du botaniste. D'autres encore avancent que le comte Cesare Frangipani aurait offert la recette de la crème à Catherine de Médicis, à l'occasion de son mariage avec Henri II…

Si rien n'est tranché à propos de l'origine de ce nom, la part du mystère reste également entière quant à la raison pour laquelle la galette des rois est traditionnellement fourrée avec de la frangipane… On sait en revanche que la coutume de la galette nous provient de la Rome antique et qu'elle s'est perpétuée, observée par le Roi-Soleil lui-même (à la table duquel on la servait) jusqu'à l'Élysée, où chaque année une galette à la frangipane est offerte au président. Dans cette galette républicaine, pas de fève : de nombreuses dents grinceraient si le président se retrouvait à devoir mettre une couronne !

Roy Jacuzzi

Comment a-t-il conçu des bains appréciés dans le monde entier ?

Atteint d'arthrite rhumatoïde précoce, le petit Kenneth souffre le martyre. Promis à une fin proche, les médecins lui prescrivent de l'hydrothérapie pour assouplir ses articulations. Sa mère s'aperçoit aussitôt des bienfaits des bains massants sur l'enfant : il éprouve moins de difficultés à se mouvoir, ses membres atrocement ankylosés se déplient, sa souffrance est incroyablement réduite... Quel soulagement pour cette mère, peinée de voir son enfant en proie à de telles souffrances ! C'est alors qu'elle a une idée. Pourquoi se limiter aux bains de l'hôpital, salvateurs certes, mais épisodiques ? Ne serait-il pas possible d'avoir une telle installation à domicile, permettant à Kenneth de bénéficier de ces soins en permanence ?

La mère du petit garçon demande à son mari, Candido, d'examiner avec attention ces machines d'hydromassage pour tenter de les reproduire dans la salle de bain familiale. Des tuyaux, des pompes, des moteurs... rien de bien compliqué pour Candido Jacuzzi, précisément à la tête avec ses frères d'une entreprise installée en Californie spécialisée dans la production de pompes ! La fratrie met alors au point une pompe d'hydrothérapie miniaturisée, utilisable dans la baignoire de la maison. Quand Kenneth plonge dedans, son corps se détend formidablement. La famille est conquise. Tous finissent par prendre plaisir à se faire masser par de l'eau chaude et des bulles à domicile !

Nous sommes en 1956 et la déjà florissante entreprise des frères Jacuzzi commercialise enfin la « J 300 », cette pompe qui transforme la baignoire en véritable lieu de détente et de relaxation. Le premier « bain tourbillon » vient de naître. L'entreprise dépose par la suite plus de 250 brevets liés au fonctionnement toujours plus sophistiqué des pompes d'hydromassage.

Une décennie plus tard, c'est Roy Jacuzzi, enfant de la troisième génération de cette illustre famille, qui développe la forme des bains hydromassants telle que nous la connaissons actuellement, à savoir une baignoire contenant en elle-même les mécanismes de jets et de pompes. Tous les grands hôtels s'arrachent alors le bain que Roy Jacuzzi a baptisé « Roman Bath » (« thermes romains ») en référence aux origines italiennes de l'entreprise. Ces baignoires deviennent un gage de luxe pour les hôtels, leur permettant ainsi de se démarquer de la concurrence et d'offrir une expérience de détente conviviale hors du commun. Si l'on trouve vite des noms génériques pour désigner ces fameuses baignoires (« bains tourbillonnants », « spas », etc.), on leur préfère vite le terme « jacuzzi » inspiré du nom de la marque, et dont les sonorités italiennes gorgées de soleil renforcent sans conteste l'idée de relaxation. Quant à Kenneth Jacuzzi, il défia tous les pronostics et vécut jusqu'à l'âge honorable de 75 ans, n'oubliant pas un seul jour de passer du temps dans la baignoire portant son patronyme !

Benoît Binet

Comment a-t-il donné naissance à l'expression « avoir une drôle de binette » ?

Que diriez-vous d'une petite expérience de pensée ? Vous êtes à la cour de Versailles, sous Louis XIV. Lors d'une réception, on vous dit : « Vous avez une bien jolie binette ! » N'en soyez pas étonné : l'expression est très en vogue, on complimente en réalité votre perruque ! À côté de vous se tient le marquis d'Acy, qui discute de ses extravagances vestimentaires. Sa perruque faite d'entrelacs et pourvue d'une couleur étrange ne déroge pas à la règle : on a l'habitude de dire de lui qu'il a « une drôle de binette ». En arborant un postiche imposant, les gens de la cour montrent leur rang. Pour cette raison, tous confient leur crâne entre les mains d'un homme : Benoît Binet.

Revenons quelques années en arrière. En juin 1658, Louis XIV, alors âgé de 19 ans, tombe gravement malade. Les médecins multiplient les saignées et les traitements, mais rien n'y fait : l'heure semble venue. Alors qu'on lui administre les derniers sacrements, on lui donne en guise d'ultime tentative de l'antimoine, une boisson normalement interdite car dangereuse… À la surprise générale, Louis se rétablit en quelques jours.

Le roi est miraculeusement guéri certes, mais il a perdu ses cheveux ! Lui qui était si fier de sa longue chevelure bouclée se retrouve désormais atteint d'une calvitie prononcée, probablement l'un des effets secondaires de l'antimoine. Étant absolument impensable pour le jeune roi de paraître à la cour le crâne chauve, – il en va de sa dignité ! –, il décide, en attendant la repousse, de porter une perruque. Avant lui, son père Louis XIII en arborait déjà une pour cacher sa calvitie naissante, les mettant alors au goût du jour. Mais depuis l'avènement du jeune Louis, les nobles de la cour, toujours dans le but de ressembler à leur souverain, affichent leurs cheveux naturels.

On présente au jeune roi un coiffeur réputé pour son savoir-faire, un certain Benoît Binet, dont la virtuosité est vite appréciée par le roi, qui le fait perruquier officiel. Véritables œuvres d'art, ses créations sont toutes plus extravagantes les unes que les autres. La noblesse puis la bourgeoisie imitent rapidement le souverain ; la boutique de Binet ne désemplit plus. Ses réalisations sont tellement célèbres qu'on utilise bientôt son nom pour désigner une perruque !

Au fil des années, le mot « binette » devient si populaire qu'il ne désigne plus seulement la perruque, mais le visage de celui qui la porte. Le peuple français s'en empare et se moque de ces nobles qui portent une perruque pour se distinguer des « petites gens ». L'expression « il a une drôle de binette » est alors employée pour tourner en ridicule le physique d'une personne. Symbole de l'Ancien Régime et de l'appartenance à la noblesse, la mode des perruques disparaît avec la Révolution. Leur port est proscrit et dangereux pour qui oserait s'en couvrir le crâne…

Si la perruque n'est plus, la binette, elle, est restée dans le vocabulaire français. Rares sont les personnes à pouvoir se targuer d'un pareil destin : célèbre de son vivant, le nom de Binet est entré dans l'histoire et dans le dictionnaire grâce à la calvitie du Roi-Soleil !

Muhammad Ibn Musa Al-Khwarizmi

Qui est ce scientifique qui se cache derrière la notion d'algorithme ?

Son nom vous est probablement inconnu. Pourtant, nous lui devons tout notre système mathématique actuel ainsi que deux termes scientifiques essentiels que vous connaissez forcément, même si vous n'avez pas la bosse des maths ! Cet homme ayant vécu au IXe siècle est à la base d'un concept que l'on emploie souvent, que l'on entend tous les jours à la radio, sur les plateaux TV et dans les journaux… Un terme qui désigne aujourd'hui un élément fondamental de notre vie quotidienne et sans lequel beaucoup de tâches seraient impossibles : l'algorithme.

Al-Khwarizmi naît dans les années 780 dans l'actuel Ouzbékistan. Si sa vie privée nous est totalement méconnue, son travail et ses nombreuses réalisations sont passés à la postérité. En effet, Al-Khwarizmi se démarque par son intelligence et sa connaissance dans de nombreux domaines scientifiques. Il fait partie de la Maison de la sagesse de Bagdad, grand centre intellectuel constitué de savants, scientifiques et philosophes. Véritable bouillon de culture, cette « école » favorise la recherche et l'émergence de nouveaux savoirs. C'est en mathématiques qu'Al-Khwarizmi se démarque particulièrement.

Le scientifique multiplie les recherches et s'intéresse notamment aux connaissances mathématiques indiennes sur lesquelles il publie plusieurs ouvrages fondamentaux. Entre 813 et 833, il rédige un manuel, le *Kitâb al-jabr wa al-muqâbalai*, dans lequel il expose sa méthode de résolution des équations. Fait étonnant, ses calculs ne comportent aucun chiffre ! Chaque élément mathématique est désigné par un mot, ce qui ne devait pas en faciliter la lecture... Pourtant, ce livre se diffuse largement et atteint le monde occidental au XIIe siècle. Traduit en plusieurs versions, l'un des termes du titre original, *al-jabr*, est repris pour la traduction latine et devient *algebra*... Ce livre fait tout simplement d'Al-Khwarizmi le créateur de la science numérique et le père fondateur de l'algèbre !

Le mathématicien ne s'arrête pas là. Il rédige un autre manuel, dans lequel il décrit le système de numération décimale créé par les Indiens, chers à Al-Khwarizmi. Cet ouvrage connaît lui aussi un succès retentissant : rapidement, le système décrit par le mathématicien séduit au-delà des frontières du Moyen-Orient et, quelques années plus tard, le pape Sylvestre II l'impose au monde chrétien. Il est décidé que les « chiffres arabes » seront désormais utilisés pour les calculs de la vie courante. C'est donc grâce à ce grand scientifique que nous ne nous débattons plus avec les chiffres en bâtons des Romains ! Créateur de l'algèbre, son nom lui-même est associé à la science des mathématiques, puisqu'au fil des traductions et grâce à la magie de la phonétique, Al-Khwarizmi devient un nom commun que l'on connaît bien : « algorithme » ! Un grand personnage donc, mais pas sûr que tous les petits écoliers le portent dans leur cœur...

GEORGE BRUMMELL

Comment cet homme a-t-il bouleversé la mode britannique ?

Sous une pluie fine apportée par le large, un homme passe la porte de l'hospice du Bon-Sauveur, à Caen, dernier refuge de cette silhouette en guenilles aux paroles incompréhensibles. Il semble s'exprimer en anglais et, malgré les poux qui grouillent sur sa tête, il arbore un port altier… Sous la petite vérole qui lui mange le visage, on finit par le reconnaître : il s'agit de George Brummel, le pionnier du dandysme, admiré par la haute société londonienne en ce début du XIXe siècle ; celui à qui l'on doit l'introduction d'une chose on ne peut plus commune de nos jours : le costume pour hommes !

Lorsqu'il meurt en 1794, le père de George Brummel laisse à ce dernier, alors âgé de 15 ans, une fortune de près de trente mille livres. George engloutit cette somme en achetant des vêtements luxueux : il a le goût des beaux habits et cet héritage tombe à point nommé. Très vite ses manières aristocratiques, son excentricité vestimentaire et son comportement subversif le font remarquer par la haute société anglaise. C'est à l'occasion d'une soirée mondaine que le prince de l'élégance se lie d'amitié avec le prince de Galles. Il est vrai que les deux hommes ont tout pour se plaire : le prince, futur George IV et diplomate hors pair, est connu pour être égocentrique, dépensier et n'hésite pas à se montrer dans des tenues excentriques et colorées… un style que Brummel va tenter de discipliner.

Persuadé que la véritable élégance consiste à ne pas se faire remarquer – car pourquoi le faire quand on est en soi remarquable ? –, Brummel impose les pantalons longs, le costume sombre à la coupe parfaite, la chemise blanche. Seule la cravate peut apporter une touche de couleur… Vous l'avez reconnu, il s'agit de l'ancêtre de notre costume-cravate peuplant désormais nos villes ! Pour Brummel, il est également indispensable de faire fi des parfums capiteux vaporisés dans l'espoir d'écarter les odeurs corporelles : un homme doit avoir une hygiène irréprochable, se laver chaque jour et porter du linge toujours propre, qui sent bon le grand air ! Méticuleux il l'était certainement, car on dit qu'il avait trois gantiers : un pour le pouce, un pour les quatre autres doigts, un pour la main ! « Beau Brummel », comme on l'appelle alors, devient la coqueluche des salons. Il ne suit plus la mode, il *est* la mode. Le poète Byron dit de lui qu'il est un « dandy ».

Mais en 1812, c'est le début de la fin. Après une réflexion malvenue quant à son embonpoint, il se brouille avec son princier protecteur. Beau Brummel perd immédiatement sa place dans la société, s'endette jusqu'au cou et doit, pour fuir ses créanciers, s'exiler à Caen. Dans sa chambre miteuse et solitaire de l'asile, il avait l'habitude de rejouer des simulacres de grands dîners en souvenir du temps de sa gloire… Triste fin pour celui qui, dit-on, faisait cirer ses chaussures avec de la mousse de champagne !

Charles Lynch

Pourquoi ce juriste est-il associé au lynchage ?

Nous sommes le mardi 16 août 1870. Aux abords du petit village d'Hautefaye vit Alain de Monéys. Le jeune homme de 28 ans se rend à la foire du village pour acheter une génisse pour sa vieille voisine et trouver un couvreur pour réparer le toit délabré d'un de ses voisins. Aimable et serviable, c'est une personne appréciée du village. Et pourtant, quelques heures après être arrivé à la foire, le bon Alain sera battu, ferré, aura les yeux crevés à coups de fourchette et terminera... mangé par la foule ! Complètement fous, les habitants du village dévoreront en effet les viscères du pauvre homme. La famine fait alors rage dans la région, certes, mais cela n'excuse rien...

Qu'a-t-il bien pu se passer ? À cette période, la France est en pleine guerre contre la Prusse. Après avoir fait une malheureuse plaisanterie à ce sujet, le jeune homme est accusé par la foule de soutenir l'ennemi. Même les gens n'ayant pas assisté au début de la scène sont persuadés de sa culpabilité. Les esprits s'échauffent et voilà le pauvre garçon submergé par la masse. Victime d'une atroce méprise, Alain est ainsi la cible du lynchage le plus célèbre de l'histoire de France. Vous l'aurez remarqué, on dit bien « lynchage » et non « moneysage » ou « monésage »… Monéys n'aura donc pas laissé son nom à cette justice expéditive et cruelle qui l'a tué. Et pour cause ! C'est précisément parce que quelqu'un d'autre l'avait fait avant lui : Charles Lynch.

Cet Américain né en 1736 a plus de chance que le pauvre Alain : il ne finit pas dévoré par ses semblables, mais meurt paisiblement chez lui à l'âge de 60 ans. Entre-temps, Charles Lynch fera parler de lui, notamment pendant la révolution américaine où il s'illustre comme « juge de paix ». Cet euphémisme désigne des procès parallèles à la justice légale, à la fois plus rapides et plus proches du peuple. Ces tribunaux étaient déjà monnaie courante dans les territoires peu peuplés. Avant Lynch cette pratique s'appelait en France la « loi du gibet », ce qui montre bien son caractère pour le moins radical… Dans l'Amérique d'alors en pleine révolution il fallait faire vite, mater ceux qui soutenaient encore les Britanniques et assurer la victoire des indépendantistes. Lynch institua une loi à son nom, autorisant la tenue de ces tribunaux expéditifs. Une fois réunis, si les jurés déclaraient l'accusé coupable, l'exécution suivait immédiatement la sentence.

Le problème de cette justice, connue sous le nom de « lynchage » dans les dictionnaires anglophones et francophones dès le milieu du XIXe siècle, c'est qu'elle est loin d'être objective. Impliqués corps et âme dans les procès, les jurés n'étaient souvent pas de grands juristes ni de grands philosophes et se laissaient facilement emporter par leurs émotions… Le terme a acquis par la suite une dimension politique et historique d'autant plus forte par sa référence aux lynchages de la population noire dans le Sud des États-Unis.

ANDRÉAS DAHL

Comment un jeune Suédois a-t-il donné son nom à une célèbre fleur ?

Elle a tout d'un mandala qui se serait déployé sur trois dimensions. Sa simplicité n'a d'égal que sa beauté envoûtante… Il n'est pas étonnant que le dahlia ait donné son nom à des parfums de luxe ou à des œuvres tout aussi mystérieuses et magnétisantes qu'elle.

Les Aztèques qui la cultivent et l'utilisent à de nombreuses fins (notamment pour l'alimentation, nourrir leurs animaux ou encore comme simple plante de décoration) n'imaginaient sûrement pas que cette fleur allait devenir l'objet d'une telle fascination. Ils ne l'appellent d'ailleurs pas « dahlia » mais *chichipatli* ! Mais l'histoire du nom de cette plante est aussi romanesque que les émotions qu'elle fait surgir en nous.

Depuis la « découverte » des Amériques, les expéditions espagnoles vers le Nouveau Monde se multiplient. De nombreux spécialistes et scientifiques sont missionnés pour découvrir la culture locale. Ainsi, en 1571, le roi d'Espagne Philippe II nomme le médecin et botaniste Francisco Hernandez à la tête d'une expédition vers le Mexique pour y étudier la flore. Au cours de cette mission, le botaniste découvre de nouvelles plantes, parmi lesquelles le *chichipatli*…

Traversons une nouvelle fois l'Atlantique et faisons un bond dans le temps, deux siècles plus tard. Nous sommes en 1751 en Suède et un certain Andréas Dahl vient de naître. Alors qu'il n'est qu'un enfant, son oncle lui offre une collection de plantes, éveillant chez le jeune garçon une passion pour la botanique. Andréas entame des études à l'université et devient l'élève du célèbre naturaliste Carl von Linné, à l'origine du concept de biodiversité et de la classification de la quasi-intégralité des espèces végétales et animales connues à cette époque. Mais, en 1789, coup de théâtre : Andréas Dahl meurt subitement, à l'âge de 38 ans. Les Aztèques, le Mexique, la Suède, des naturalistes européens… où se trouve le dahlia dans tout cela, me direz-vous ?

Nous y arrivons. Depuis le Mexique, un botaniste espagnol envoie une fleur de *chichipatli* à son ami l'abbé Antonio José de Cavanilles, directeur du Jardin royal des plantes de Madrid. Ce dernier la cultive aussitôt et se met en tête de lui trouver un nouveau nom pour remplacer celui d'origine. Il est d'usage en effet de la rebaptiser à l'européenne ! La « cavanille » ? Hors de question ; donner son nom à une fleur ne lui ressemble pas ! C'est alors que lui revient en mémoire une nécrologie qu'il vient de lire sur la mort d'un personnage célèbre chez les botanistes… Un élève de Linné dont le nom vous dit quelque chose… le Suédois Andréas Dahl ! Pour Cavanille, c'est tout trouvé : cette jolie fleur s'appellera donc « dahlia » !

Arrivée en France en 1802, cette fleur, dont il existe aujourd'hui plus de 40 000 variétés, est nommée d'après un botaniste qui ne l'a jamais vue !

Dédale

Pourquoi ce héros de la mythologie grecque est-il devenu un nom commun ?

Qui ne connaît pas la plus grande réalisation de Dédale, son fameux labyrinthe, construction de laquelle il est impossible de ressortir ? Un objet de torture aussi cruel qu'astucieux... Comment celui réputé pour être le plus incroyable artiste, inventeur et architecte de toute la mythologie grecque s'est-il retrouvé associé à une si funeste construction ?

Descendant de la mythique famille royale d'Athènes, Dédale enseigne ses multiples savoirs à son neveu. Ce dernier commençant à faire de l'ombre à son maître vert de jalousie, Dédale commet l'irréparable : il tue le jeune homme. Poursuivi par la justice athénienne, il prend le large et gagne la Crète, alors gouvernée par le roi Minos. Or, le monarque connaît quelques désagréments. Avide de pouvoir, il s'est adressé au dieu de la mer Poséidon qui, en échange de ses services, lui a ordonné de sacrifier un magnifique taureau blanc. Minos, doté quoi qu'on en dise d'un certain sens de la moralité, refuse de tuer l'animal ! Furieux, le dieu au trident a contraint Pasiphaé, la femme du roi, à tomber amoureuse du taureau...

Et notre Dédale dans tout cela ? Il va rapidement se retrouver au milieu de cette affaire, puisque Pasiphaé fait appel à son aide. La reine lui demande de créer une vache en bois dans laquelle elle pourra se glisser pour s'accoupler avec le taureau. De cette étrange relation naît un homme à tête de taureau, le fameux Minotaure. On s'en doute, Minos est furieux en apprenant la nouvellle ! Sans connaître le rôle de Dédale dans cette affaire, le roi lui ordonne de construire un labyrinthe pour y enfermer le Minotaure.

Le monstre, désormais emprisonné dans cette galerie, doit malgré tout être nourri. Ainsi, à la suite de sa victoire militaire contre Athènes, Minos exige de la cité qu'elle lui fournisse régulièrement des enfants condamnés à servir de repas. Les Athéniens vivent dans une peur constante et atroce. Une idée germe alors dans leur esprit : il faut en finir avec le Minotaure ! Thésée, fils du roi d'Athènes, entre en scène et décide de pénétrer dans le labyrinthe pour le tuer.

Une fois le minotaure tué par le héros athénien, lui-même est sauvé grâce à Dédale qui avait inventé l'unique moyen de s'échapper ! Minos, se sentant trahi, entre dans une colère noire et fait enfermer l'architecte avec son fils Icare dans le labyrinthe. L'ingéniosité légendaire de Dédale les sauve : il fabrique des ailes en cire ! Avant de s'enfuir, Dédale prévient Icare : ils ne doivent pas trop s'élever, au risque de voir leurs ailes fondre sous la chaleur du soleil… Les deux hommes parviennent à s'envoler. Toutefois Icare, trop aventurier, n'écoute pas son père : ses ailes sont liquéfiées et Dédale assiste, impuissant, à la mort de son fils qui tombe à pic…

Bien que doté d'un génie hors du commun, Dédale est donc victime de sa propre construction. Il sera à jamais lié à elle, dans les livres de mythologie comme dans les dictionnaires, puisqu'on utilise le mot « dédale » pour parler d'une situation inextricable ou un ensemble de chemins tortueux… un véritable labyrinthe en somme !

Colette

Pourquoi cette auteure a-t-elle popularisé le col rond ?

Objet de bien des passions, pouvant être tout à la fois fier, vulnérable et érotique, le cou est assurément une partie du corps sur laquelle on pourrait écrire des livres entiers. La mode s'est chargée de lui rendre hommage puisqu'elle a trouvé au cours des époques mille et une façons de l'habiller : col roulé, col lavallière, col en V, décolleté… Bien plus qu'un détail, le col peut dévoiler la personnalité de celui qui le porte. C'est notamment le cas des cols Claudine, posés au ras du cou, célèbres pour leur forme arrondie et aplatie, souvent associés aux petits enfants sages.

Contrairement à ce que l'on pourrait croire, Claudine n'est pas une couturière ou une femme au style novateur, mais un personnage créé par la célèbre romancière Colette. Gabrielle Colette étant particulièrement douée pour l'écriture, son premier mari Henry Gauthier-Villars, surnommé « Willy », détourne cette qualité à son profit. Gabrielle devient alors prête-plume pour son époux et écrit, à sa demande, un roman s'inspirant de ses souvenirs d'école. Ainsi, en 1900 paraît *Claudine à l'école*. L'histoire relate les aventures de Claudine, jeune adolescente de 15 ans, sous la forme d'un journal intime : ses premières amours, sa relation avec son père et ses amies, mais aussi sa vie à l'école… Le succès est tel que Colette doit en écrire la suite ! Bientôt, Claudine devient l'héroïne d'une série de romans : *Claudine à Paris*, *Claudine s'en va*… l'ancêtre de la célèbre Martine en quelque sorte ! La particularité de la jeune fille ? Elle porte une blouse avec un col arrondi, tenue que l'on retrouve sur la couverture du livre. C'est d'ailleurs Colette elle-même qui sert de modèle au dessin, habillée comme son héroïne. Si ce col existait bien avant la création du personnage de Claudine, le succès des romans lie à tout jamais la jeune fille au col de sa robe.

Les pays anglo-saxons ont, quant à eux, un autre terme pour désigner cette encolure, également inspiré d'un personnage de fiction, puisque ce type de col est appelé « Peter Pan » ! La raison : à la même époque que les *Claudine*, *Peter Pan* est adapté à Broadway et son interprète, Maude Adams, arbore le fameux col. La pièce de théâtre connaissant un franc succès, cette partie du vêtement reste associé aux États-Unis et au Royaume-Uni au petit garçon capable de voler.

Claudine ou Peter Pan, ce col habille les enfants dès le début du XXe siècle. À partir des années 1950, il rejoint la garde-robe féminine, notamment grâce à l'actrice Audrey Hepburn. Le style du col correspond parfaitement à l'image de jeune femme sage et enfantine véhiculée par l'actrice et devient iconique. Tombé quelque peu en désuétude, il fait son grand retour depuis quelques années. Personne ne sait aujourd'hui si le metteur en scène du *Peter Pan* de Brodway avait lu les romans de Colette avant d'habiller son petit personnage d'un col… Claudine.

Jacques de La Palice

Pourquoi est-il associé à un truisme ?

« Si Louis XIV n'avait pas existé, il n'y aurait pas eu de Roi-Soleil » : voilà une belle lapalissade, autrement dit une affirmation dont l'évidence est telle qu'elle ne peut que prêter à rire. Si le seigneur de La Palice, célèbre chevalier du XVIe siècle, n'a jamais prononcé une telle phrase, c'est pourtant à lui que l'on doit le nom de cet effet de style amusant.

La vie de Jacques II de Chabannes, seigneur de La Palice, ne prête pourtant pas à la moquerie : preux chevalier, il est le héros d'un grand nombre de batailles et combat sous les ordres de trois rois de France ! Jacques voit le jour vers 1470 dans la charmante commune de Lapalisse, dans l'Allier. Enfant d'honneur du dauphin et futur Charles VIII, il grandit à la cour d'Amboise. Très tôt, le jeune homme se distingue par sa vigueur au combat, notamment dans les tournois. Ainsi, dès l'âge de 18 ans, il accompagne son père sur le champ de bataille pour défendre l'honneur de son ami Charles VIII. Aussitôt adoubé chevalier, Jacques devient chambellan du roi, poste hautement symbolique puisqu'il a la charge du service de la chambre du monarque. Lorsque Charles VIII décide de conquérir le royaume de Naples en 1494, il n'est donc pas étonnant de retrouver Jacques de

La Palice à ses côtés ! Après le décès brutal de Charles VIII, le nouveau monarque, Louis XII, renouvelle sa confiance envers Jacques qui encore une fois ne déçoit pas. Après avoir participé aux prises de Milan et de Gênes, il est nommé grand maître de France et devient l'une des personnes les plus influentes du royaume… Je vous l'ai dit : La Palice, c'est du sérieux ! Tous les artistes de son temps louent d'ailleurs la témérité du chevalier. Mais le destin jusque-là bienveillant vient mettre un terme à sa vie de gloires : La Palice est capturé au cours de la bataille de Pavie en 1525 puis abattu.

Pourquoi donc associer son nom à un truisme ? La raison est assez surprenante. En hommage à leur valeureux commandant, les soldats lui écrivent une chanson dont les vers sont repris par la veuve de Jacques, qui les fait graver sur le tombeau de son époux : « Ci-gît le Seigneur de La Palice ; s'il n'était mort il ferait encore envie. » Mais à l'époque, la graphie de la lettre « f » ressemble beaucoup à celle du « s ». Au fil du temps, la véritable signification de l'épitaphe est oubliée et l'on croit alors lire cette phrase : « S'il n'était pas mort, il *serait* encore *en vie* » ! Enfin, une chanson du XVIIIe siècle, intitulée « Vérités de La Palice », vient sceller le sort posthume de Jacques II de Chabannes : les paroles ne contiennent que des vérités évidentes. Le nom du chevalier, qui aurait probablement préféré être davantage reconnu pour sa carrière militaire et politique, se transforme en un objet de railleries !

Depuis, lorsque l'évidence d'une affirmation semble flagrante, il est de coutume de parler de lapalissade, d'après l'orthographe de la ville de naissance de Chabannes. S'il était né ailleurs, l'appellation aurait été tout autre…

Pyrrhus

Pourquoi ce conquérant
a-t-il donné lieu à l'expression ironique
« une victoire à la Pyrrhus » ?

Même si elle est peu usitée aujourd'hui, l'expression « une victoire à la Pyrrhus » vous est peut-être familière : elle désigne une victoire qui a coûté extrêmement cher à son vainqueur. Qui est donc ce Pyrrhus et pourquoi est-il associé à cette expression ?

Encore une fois, il faut se rendre en Grèce antique et plus particulièrement au IIIe siècle av. J.-C. pour retrouver la trace de cet homme. Pyrrhus est roi des Molosses, une tribu de l'Épire, région regroupant une partie de l'est de la Grèce actuelle et de l'Albanie. Le jeune roi ne cache pas ses ambitions d'expansion et s'avère être un redoutable conquérant. Au gré des alliances, des mariages et des batailles, il agrandit son royaume. La riposte de ses ennemis ne se fait pas attendre si bien que Pyrrhus perd la plupart des territoires conquis. L'histoire commence mal…

De retour dans son royaume d'Épire, le monarque est sollicité par les habitants de Tarente, cité grecque située dans le sud de l'Italie et dont le développement économique et culturel suscite la convoitise. La République romaine étant en pleine expansion depuis quelques années, sa puissante armée menace dangereusement la ville de Tarente, qui a donc besoin du soutien d'un de ses plus proches voisins. Pyrrhus réfléchit : la possibilité de sauver le monde grec et d'étendre son pouvoir en Italie lui est offerte. C'est une opportunité qui ne se refuse pas ! Il accepte de rejoindre les Tarentins et quitte l'Épire avec son imposante armée composée de plus de 20 000 hommes et d'une vingtaine d'éléphants ! C'est au cours de la bataille d'Héraclée qu'il se confronte à l'armée romaine. Après des combats acharnés, les éléphants et l'armée de Pyrrhus ont raison des Romains. La victoire néanmoins a un goût amer : le roi d'Épire a perdu près de 4 000 hommes, tous irremplaçables.

Pyrrhus entend bien malgré tout marcher sur Rome. Rejoint par la Sicile et d'autres peuples d'Italie, rien ne semble pouvoir l'arrêter. La bataille d'Ausculum en 279 av. J.-C. vient sceller les velléités expansionnistes de Pyrrhus. Après deux jours de combat, il remporte contre toute attente la victoire face à des Romains mieux préparés, mais les pertes s'élèvent encore une fois à plusieurs dizaines de milliers d'hommes. Le roi d'Épire doit se rendre à l'évidence : ses forces se réduisent comme peau de chagrin, tandis que celles des Romains sont inépuisables… Cette situation paradoxale lui fait prononcer la fameuse phrase : « Encore une victoire comme celle-ci, et nous sommes perdus ! »

En effet, la défaite approche lentement… mais sûrement. Arrivé à Rome, il doit de nouveau affronter l'armée romaine. Pyrrhus, lucide quant à l'issue du combat, décide de se retirer et de rentrer en Grèce, contraint de renoncer à ses rêves de gloire et de conquête. On ne sait s'il fut à cause de cela la risée de ses opposants, mais l'expression « une victoire à la Pyrrhus » est utilisée depuis au moins le XVe siècle ! Peut-être Pyrrhus a-t-il tout de même pu se consoler en se disant que l'important n'est pas de gagner, mais de participer !

Antonio Stradivari

Comment ce luthier est-il parvenu à la célébrité ?

On dit que ce sont les meilleurs. Lorsqu'au milieu d'un concerto de Bach le soliste s'avance et produit ses premières notes avec son Stradivarius, tout le monde est subjugué. Même celui assis au fond de la salle de concert a l'impression que les *portamento* plaintifs lui sont destinés tant l'instrument est puissant, tant il est incroyable. C'est simple : si l'on vous dit « Stradivarius », vous pensez « excellence ». C'en est d'ailleurs devenu un synonyme ! Qu'est-ce qui rend ces instruments si prodigieux ? Certains spécialistes prétendent que ces violons doivent leur qualité exceptionnelle au bois utilisé pour les façonner. Mais le matériau ne fait pas tout : il faut un homme pour lui donner vie, et cet homme est Antonio Stradivari.

On sait finalement peu de choses de la vie du plus connu des luthiers. Il voit le jour sous une bonne étoile en naissant dans la ville italienne de Crémone, berceau du violon, vers 1644. À l'adolescence, Antonio devient très probablement l'élève de Niccolo Amati, célèbre luthier de l'époque et descendant d'Andrea Amati, rien de moins que l'inventeur du violon dans les années 1560 ! Antonio Stradivari ne pouvait trouver meilleur professeur.

Quand il s'installe dans son propre atelier, sa clientèle est déjà nombreuse, tout le monde se presse pour le rencontrer et lui passer commande. Ainsi, les plus grands violonistes comme Antonio Vivaldi font appel à lui pour leurs instruments. Pour satisfaire cette forte demande, Stradivari travaille jour et nuit dans son atelier et façonne des centaines d'instruments de musique : outre les violons, il conçoit des violoncelles, des luths, des guitares… Le luthier signe toujours l'instrument de son nom latinisé, « Stradivarius », nom propre qui se transforme rapidement en un mot commun pour désigner ses propres créations. Si ses violons sont aussi recherchés, c'est que le luthier semble avoir le goût du détail et du travail bien fait. Ainsi, en excellent mathématicien, il ne cesse de perfectionner ses instruments en utilisant des concepts géométriques tels que le nombre d'or, cette « divine proportion » chère à tous les artistes de l'époque.

Antonio Stradivari s'éteint en 1737 à l'âge de 93 ans, après avoir dédié sa vie à la musique et fabriqué plus de mille instruments ! Contrairement à leur créateur, les violons ne meurent pas : plus de 700 d'entre eux sont parvenus jusqu'à nous et certains continuent d'être utilisés par les plus grands virtuoses tel le légendaire Yehudi Menuhin. Véritables ouvrages d'art, on en retrouve quelqu'uns exposés dans des musées. Si vous voulez vous mettre au violon avec l'un de ces instruments, il vous faudra sûrement débourser de sacrés lingots : un Stradivarius a été récemment adjugé à 11 millions d'euros !

Luigi Galvani

Pourquoi ce scientifique est-il à l'origine du mot « galvaniser » ?

À la fin des années 1770, un conflit fait rage entre deux hommes. L'objet de la discorde n'est ni un héritage ni même une femme : ils se disputent pour… la science ! Les protagonistes sont deux scientifiques italiens, Alessandro Volta et Luigi Galvani. Si le nom du premier vous dit forcément quelque chose (car il a été donné à une unité de mesure électrique, le volt), le second ne doit pas vous être complètement inconnu… Il est en effet à l'origine du mot « galvaniser ». Quand un sportif par exemple tape dans ses mains pour réveiller ses supporters, on dit qu'il les « galvanise » : il leur communique de l'énergie. Mais alors, comment le nom de Luigi Galvani a-t-il pu se retrouver à dynamiser les stades ?

Il se trouve que ce Bolonais né en 1737 est un éminent professeur de médecine passionné d'anatomie. En ce siècle des Lumières, la diffusion des savoirs et les nombreuses recherches et expériences entreprises par des scientifiques permettent à la science moderne de connaître un développement considérable. C'est notamment le cas en physique, autre passe-temps de Galvani. Ce dernier s'intéresse à un curieux phénomène sur lequel commencent à se pencher quelques scientifiques : l'électricité. Dans son laboratoire, il fait une découverte aussi surprenante qu'hasardeuse. Tandis qu'il touche avec ses instruments en métal les nerfs de la cuisse d'une grenouille en cours de dissection, Galvani sursaute : le muscle de l'animal se contracte violemment, alors même qu'il n'a envoyé aucune décharge électrique ! Il multiplie les expériences et découvre que lorsque le nerf et le muscle sont reliés par un objet composé de deux métaux différents, la cuisse se contracte. Luigi est certain d'avoir découvert une « électricité animale » : la grenouille serait elle-même pourvue d'électricité et la mise en contact de celle-ci avec des métaux provoquerait une décharge électrique !

Un collègue et concurrent de Luigi cependant réfute cette interprétation. Il s'agit de Volta. Ce dernier reprend les observations de Galvani et affirme que non, l'énergie électrique n'est pas propre à l'animal, elle est créée grâce à l'interaction de plusieurs métaux reliés par la cuisse, qui fait effet de conducteur électrique. Si Galvani a tort, il a dans tous les cas réalisé une découverte des plus intéressantes, puisque c'est à partir de celle-ci qu'Alessandro Volta mettra au point la première pile, en remplaçant la cuisse de grenouille par un papier buvard imbibé d'eau salée.

Quand Napoléon Bonaparte met en place la République cisalpine en Italie du Nord, Galvani refuse d'y prêter allégeance. Il se voit donc retirer toutes ses fonctions universitaires ainsi que son salaire… Il meurt en 1798 après avoir tout perdu. Le scientifique reçoit néanmoins un bel hommage, puisque malgré leur querelle qui durera quinze ans, Volta donne au procédé électrique découvert par son adversaire le nom de « galvanisme ». La reconnaissance est un plat qui ne se mange parfois pas de son vivant !

Le cuisinier Berlingosi

Est-il le véritable créateur des berlingots ?

Il est un spectacle qui ravit tous les flâneurs dans les allées des fêtes foraines : un confiseur travaillant une pâte colorée qu'il étire et étire encore avant d'en faire de petites pyramides sucrées, au goût à la fois doux et acidulé... Vous en avez l'eau à la bouche ? C'est normal, c'est l'effet que font les berlingots ! Depuis la nuit des temps, les bonbons séduisent petits et grands. Mais le berlingot compte parmi les friandises qui ont réussi à se faire une place de choix dans nos placards et notre imaginaire. De Carpentras à Berck en passant par Nantes, nombreuses sont les villes à avoir leur berlingot et, évidemment, à en revendiquer la paternité !

Quand les confiseries à base de sucre de canne arrivent en Occident après les croisades du XIIe siècle, seuls les plus riches peuvent s'en procurer et ainsi en offrir à leurs convives. Le sucre est alors un produit très coûteux et rare. Au XIVe siècle, le pape Clément V et sa cour s'installent en Avignon. Férus de confiseries, les locataires du palais apprécient particulièrement les fruits confits. La légende raconte qu'un des cuisiniers du pape, un dénommé Berlingosi, aurait inventé une nouvelle friandise à laquelle il aurait donné son nom : les fameux berlingots aux couleurs acidulées que nous connaissons aujourd'hui ! D'autres prétendent que ce cuisinier se prénommait Sylvestre et que le mot « berlingot » provient du vrai nom de Clément V, Bertrand de Got. Ces histoires restent des hypothèses. L'origine du mot berlingot est donc plus qu'incertaine : « berlingot » est-il dérivé de l'italien *berlingozzo*, désignant un gâteau très sucré ? Ou bien de l'occitan *berlingau*, qui voulait dire osselet ? Nul ne le sait ! Toujours selon la petite histoire, la recette actuelle des berlingots aurait été mise au point à la fin du XVIIIe siècle par une Nantaise, cantinière de l'armée, dénommée Mme Couët.

En revanche, une chose est certaine : les berlingots cessent d'être l'apanage des aristocrates et se démocratisent. On en vend même chez les apothicaires en guise de médicament ! À l'époque, on ne connaît pas encore les ravages que peut causer un excès de sucre dans l'organisme... On considère même le sucre comme un remède idéal pour calmer toutes sortes de maux, dont les douleurs à l'estomac. Allez dire ça aux nutritionnistes ! Au XIXe siècle, la découverte du sucre de betterave permet aux confiseries d'être produites à un prix beaucoup plus accessible. Les friandises pyramidales sont alors fabriquées par des confiseurs et se vendent à tous les coins de rue ! La fabrication s'industrialise et, au milieu du XXe siècle, les berlingots font le plaisir de tous les enfants. Même si l'on ne connaît pas son origine exacte, le mot « berlingot » désigne aujourd'hui ces confiseries, mais aussi ces emballages en carton qui ont la même forme tétraédrique.

Méduse

Comment cette divinité grecque est-elle devenue une espèce marine mortelle ?

Les méduses sillonnaient les océans bien avant l'apparition de l'homme. On estime que leur présence sur Terre remonte à près de 650 millions d'années ! Intrigante, urticante et parfois mortelle, les hommes ont rapidement fait connaissance avec cet animal dont ils ont appris à se méfier. Il faudra pourtant attendre le XVIIIe siècle pour que cette étrange espèce marine reçoive le nom qu'on lui connaît aujourd'hui. Une fois de plus, la mythologie est passée par là !

Selon les récits légendaires, Méduse et ses sœurs sont trois jeunes filles d'une incroyable beauté. Un jour, le dieu de la mer Poséidon tombe sous le charme de la jeune Méduse et de son incroyable chevelure. Leur amour est consommé dans un lieu particulier, un temple dédié à la déesse Athéna. Cette dernière, furieuse qu'on lui manque autant de respect, transforme Méduse et ses sœurs en monstres pour les punir. Devenues Gorgones, elles sont dotées d'ailes, de griffes et de dents effrayantes tandis que la belle chevelure de Méduse est désormais remplacée par d'affreux serpents. Enfin, ses yeux pétrifient quiconque oserait croiser son regard !

Persée, fils de Zeus, va tout de même oser défier l'effrayante Méduse. Il a promis en effet de ramener la tête de cette Gorgone mortelle, afin de sauver sa mère des griffes d'un homme. Il part donc à sa recherche, aidé de plusieurs dieux : Athéna lui fournit un bouclier l'empêchant d'être pétrifié, Hermès des sandales ailées. Persée retrouve Méduse et la décapite. Rentré chez lui, il remet la tête de la Gorgone à Athéna qui, sachant faire feu de tout bois, fixe l'effrayant crâne sur son bouclier pour l'utiliser comme arme. C'est pourquoi l'on retrouve aujourd'hui le visage de Méduse sur les représentations de la déesse de la guerre.

De cet épisode mythologique bien connu, il nous reste quelques traces : sur les anciens fours des boulangers on peut parfois discerner des têtes de Méduse peintes, destinées à empêcher les gourmands de les ouvrir. D'autre part, on utilise l'adjectif « médusé » pour parler d'une personne pétrifiée d'horreur… On comprend maintenant pourquoi !

On connaît surtout la Gorgone grâce à l'étrange animal auquel elle a donné son nom. En 1746, le naturaliste suédois Linné répertorie un genre d'animaux marins assez particuliers : ronds comme une tête, dotés de nombreux tentacules, ils sont capables de paralyser leurs proies… Pour Linné, le nom est tout trouvé, ce sera « méduse » !

Cette dénomination n'est pas la même dans les pays anglo-saxons, mais on doit curieusement cette différence à un Français ! En effet, trente ans avant Linné, le naturaliste Réaumur avait surnommé cet animal « gelée de mer », appellation traduite en anglais par *jellyfish*. Avouez que c'est tout de même moins poétique !

Monsieur Cabotin

Était-il un véritable charlatan ?

« Le monde n'a jamais manqué de charlatans / Cette science de tout temps / Fut en professeurs très fertile », écrivait Jean de La Fontaine en 1688. Il faut dire qu'au XVIIe siècle, il n'est pas rare de croiser en ville, à la campagne et même à la cour nombre d'imposteurs extrêmement doués pour convaincre les interlocuteurs de leur talent ou de la qualité des produits qu'ils vendent ! L'un d'entre eux semble d'ailleurs avoir particulièrement réussi puisque son nom est entré dans le dictionnaire français. En effet, la légende raconte qu'un certain Monsieur Cabotin sévissait sous le règne de Louis XIII. Vous reconnaissez derrière ce patronyme un mot du dictionnaire, « cabotin », terme employé pour désigner un interprète, un acteur ou un vendeur, certes médiocre, mais doué pour attirer sur lui l'attention de ses spectateurs et clients !

Vendeur, acteur ambulant et directeur de théâtre, Monsieur Cabotin était dépourvu de scrupules. Pour vendre ses élixirs « miracles », il n'hésitait pas à déclamer des vers et user de son charisme. Grâce à son incomparable verve et son habilité à détourner l'intérêt de ses clients, ce bonimenteur réussissait à dissimuler son incompétence et l'inefficacité de sa marchandise ! La personne qui « cabotine » a donc tendance à se comporter de manière théâtrale, à en faire « trop » alors que son jeu est de très mauvaise qualité. Voilà une anecdote fort intéressante mais qui, hélas, ne serait très probablement qu'une légende, car l'existence de ce Monsieur Cabotin n'a jamais pu être avérée. Il semblerait que son personnage ait été créé de toutes pièces au XVIIIe siècle, lorsque le mot « cabotin » est entré dans l'usage. Celui qui a concocté cette petite histoire était, à son tour, un véritable charlatan !

Les origines du mot « cabotin » sont en réalité beaucoup plus terre à terre… Et c'est le cas de le dire : ce terme dériverait tout simplement du verbe « caboter », utilisé en navigation pour désigner le fait de voguer le long de la côte, de port en port… Au gré des échanges et des transformations linguistiques, il aurait ensuite été appliqué aux comédiens ambulants qui, comme les bateaux, se déplaçaient d'un point à un autre, de ville en ville. Leur situation précaire les obligeant à devoir trouver des moyens de subsistance, la plupart des cabotins auraient développé des talents d'orateur pour haranguer les foules dans le but d'en tirer profit. Ainsi, le terme se serait-il peu à peu chargé de la connotation négative qu'on lui connaît.

Que le célèbre Monsieur Cabotin ait existé ou non, la prochaine fois que, en faisant vos emplettes sur un marché, vous rencontrerez un vendeur aux manières trop extravagantes pour être honnêtes, vous penserez à cette petite légende somme toute bien ficelée.

JUDAS

Pourquoi, à cause d'un simple baiser,
cet apôtre est-il associé à la trahison ?

Des scènes de baiser, on en trouve dans toutes les histoires. Ces baisers peuvent être timides, fougueux, torrides ou encore volés… Ils peuvent aussi parfois s'avérer mortels ! C'est le cas du baiser le plus connu au monde, non pas celui échangé entre Brejnev et Honecker qui annonça un dégel dans la guerre froide, mais un autre bien plus ancien et fondateur : celui que fit Judas à Jésus, l'archétype de l'acte de trahison. Le « baiser de Judas » désigne en effet une traîtrise, une infidélité ou un geste d'affection dissimulant des intentions malhonnêtes. Pour passer à la postérité avec une telle réputation, Judas avait plutôt intérêt à ce que cette trahison vaille la peine…

Judas est, avec Paul, Matthieu ou encore Pierre, chargé de prêcher la parole et les enseignements de Jésus dont il est l'un des douze apôtres. Ce dernier semble lui accorder toute sa confiance puisqu'il lui attribue le poste de trésorier en lui déléguant la gestion de ses finances et de celle des apôtres ! Jusqu'alors fidèle disciple, Judas va pourtant être à l'origine de la mort de Jésus, dont il scellera le sort par ce fameux baiser…

Les raisons qui ont conduit Judas à trahir son ami sont obscures. D'après les récits bibliques, Jésus sait déjà que l'un de ses douze apôtres le mènera à sa perte. Nous sommes en l'an 33 de notre ère. Au cours de ce qui s'avèrera être le dernier repas qu'il partage avec ses compagnons – la célèbre Cène –, Jésus annonce : « En vérité je vous le dis, l'un de vous me livrera. » Une déclaration on ne peut plus prophétique dirons-nous…

Effectivement, Judas a promis aux autorités religieuses juives de leur livrer Jésus, cet agitateur qui fait peur au pouvoir. Le prix de cette trahison ? Trente deniers – une somme insignifiante pour les conséquences que l'on sait ! D'après les Évangiles, Judas rejoint ensuite Jésus et les autres apôtres dans un jardin d'oliviers, un endroit où ils ont l'habitude de se réunir. Mais le traître n'est pas venu seul : des hommes armés se tiennent derrière lui. Afin de désigner Jésus aux soldats parmi les apôtres, Judas se dirige vers lui et l'embrasse… Aussitôt, les soldats de Ponce Pilate s'emparent du jeune homme et le mettent aux fers. Traduit en justice, Jésus est condamné à mort puis crucifié dans les heures qui suivent. Ce que l'on ignore peut-être, c'est que Judas, rongé par les remords, aurait rendu ses trente deniers avant de mettre fin à ses jours. S'il avait réfléchi avant de livrer son ami, la face du monde aurait été tout autre !

Synonyme de traître, le terme de « judas » sera par la suite associé dans la langue à un curieux objet : cette petite lentille de verre permettant de regarder qui vient sonner à la porte sans être vu. Puisque la personne derrière la porte est épiée à ses dépens, l'expression « regarder par le judas » prend tout son sens au regard de l'histoire !

Tartuffe

Comment un personnage fictif s'est-il transformé en un réel imposteur ?

Si je vous dis « tartuffe », vous pensez forcément au célèbre personnage éponyme de la pièce de Molière. C'est grâce au dramaturge que ce mot est entré dans notre vocabulaire dès 1690 pour qualifier une personne manipulatrice et hypocrite ! Mais avant de faire sensation, la pièce a provoqué l'une des plus grandes querelles de l'histoire du théâtre.

La réputation de Molière n'est déjà plus à faire lorsqu'il écrit et met en scène *Le Tartuffe ou l'Hypocrite*. Ses pièces ont fait de lui l'artiste le plus en vue à la cour du Roi-Soleil. Louis XIV lui-même apprécie le talent du dramaturge. Ainsi, lorsqu'il organise en mai 1664 trois jours de fête dans son château de Versailles en construction, le roi propose à Molière et à sa troupe de théâtre de jouer leur nouvelle pièce.

Sur scène, on retrouve Tartuffe, un hypocrite qui, pour parvenir à ses fins, se présente comme un grand dévot. Intéressé par la fortune d'un certain Orgon, il use de ses dons de manipulateur et devient son guide religieux et moral. Désormais sous la coupe de Tartuffe, le riche maître de maison ne se fie plus qu'à son « ami » et lui voue une totale admiration. Tartuffe obtient ainsi la main de la fille d'Orgon et la totalité des biens de ce dernier. Mais comme tout imposteur, Tartuffe a un talon d'Achille : il est amoureux d'Elmire, la femme d'Orgon. Contrairement à son époux, Elmire n'est pas dupe… Après moult péripéties, Tartuffe est finalement démasqué et arrêté.

À la fin de la représentation, la cour est séduite, Molière acclamé. Pourtant, quelques jours plus tard, *Le Tartuffe* est interdit de représentation sur ordre du roi. Qu'a-t-il bien pu se passer ? Il se trouve que le personnage principal gêne un certain nombre de personnes proches du roi, en particulier les membres de l'Église. En effet, Tartuffe utilise la religion et se pare d'une profonde dévotion pour amadouer Orgon. Il est absolument inacceptable pour l'Église de voir un tel personnage bafouer la religion chrétienne, d'autant plus qu'elle est au même moment en pleine crise avec la montée de la mouvance janséniste… La controverse est telle qu'elle dure plus de cinq années : Molière remanie plusieurs fois l'histoire avant que sa pièce, désormais intitulée *Le Tartuffe ou l'Imposteur*, obtienne l'autorisation du roi en 1669. Tartuffe n'est plus directeur de conscience mais conserve sa perfidie. La pièce a tant fait parler d'elle que le triomphe est immédiat.

Molière cependant n'est pas le créateur du nom « Tartuffe » ! On pouvait déjà entendre ou lire des phrases telles que « Tu n'es qu'une tartuffe » pour dénoncer un imposteur. Il semble que ce mot ait été inspiré de l'italien *tartufolo*, qui désignait une truffe, avant d'évoluer en *tartufo* et de prendre une connotation péjorative. Mais c'est grâce au succès de la pièce de Molière que « tartuffe » devient un mot courant synonyme de personne hypocrite. Ce n'est pas étonnant quand on sait que le chef-d'œuvre a été joué plus de 3 200 fois depuis sa création !

Ferdinand Porsche

Comment cet ingénieur a-t-il réussi à imposer sa marque ?

La vie de Ferdinand Porsche fut si riche et mouvementée qu'elle pourrait être adaptée au cinéma ! L'homme à l'origine de l'une des plus prestigieuses entreprises de construction automobile a tout d'un grand personnage de fiction : doté de capacités intellectuelles supérieures, il connaît une ascension fulgurante, avant que toutes ces années de travail ne soient assombries par une série de décisions regrettables et compromettantes…

Très tôt, l'intelligence, la curiosité et les centres d'intérêts du jeune Ferdinand Porsche, né en 1875 dans l'Empire austro-hongrois, le démarquent de ses camarades. Il se passionne pour les grandes innovations de son époque, et son génie est tel qu'il construit à l'âge de 15 ans une centrale électrique pour approvisionner la maison de ses parents en électricité ! Autodidacte, Ferdinand se tourne vers la mécanique et obtient un poste dans la société constructrice des véhicules de la cour impériale à 22 ans, où il va démontrer son ingéniosité en dévoilant une invention avant-gardiste. Alors que les premiers chemins de fer n'ont même pas cinquante ans, le jeune Porsche propose un prototype de… voiture électrique ! Vous avez bien lu !

Cette innovation exposée en 1900 à l'Exposition universelle de Paris a littéralement un siècle d'avance ! Porsche devient alors PDG du prestigieux groupe de construction Austro-Daimler qui fusionne avec d'autres sociétés pour former la non moins connue Daimler-Mercedes-Benz. Avide de nouvelles expériences et multipliant les projets, Ferdinand fonde son propre bureau d'études avec son fils Ferry à la fin des années 1920.

En 1933, Ferdinand Porsche se rapproche dangereusement du nouvel homme au pouvoir en Allemagne, Adolf Hitler… Ce dernier le choisit pour concevoir une automobile bon marché et accessible pour tous les Allemands, pensée pour être la « voiture du peuple », c'est-à-dire la *Volkswagen* ! Ferdinand, désireux de démocratiser l'utilisation de l'automobile, crée la voiture amenée à devenir célèbre dans le monde entier, la future « Coccinelle ». Mais avant de connaître un succès international, la petite Volkswagen présentée en 1938 sert d'outil de propagande nazi ! Porsche, désormais naturalisé allemand, devient membre du parti nazi. Outre cette mission, il est également chargé de coordonner l'effort de guerre industriel du Reich : il est à l'origine de nombreux engins de guerre (chars, armes, missiles) et responsable de l'exploitation des travailleurs déportés…

Bien qu'il ait été blanchi à la fin de la guerre, la réputation de l'un des ingénieurs les plus doués du XXe siècle demeure entachée. Alors qu'il est invité à visiter les usines de Renault en 1946, Ferdinand Porsche est d'ailleurs arrêté par les autorités françaises pour crime de guerre avant d'être libéré en 1947 contre une rançon. Loin d'être impressionné par les polémiques à son égard, il développe dès son retour en Allemagne la marque qui porte son patronyme. Premier modèle : la mythique Porsche 356. Ne lui trouvez-vous pas un petit air de Coccinelle ? Génie aux talents multiples, le seul et terrible échec de Porsche aura été de les utiliser à mauvais escient…

Égérie

Comment une nymphe est-elle devenue une inspiratrice hors du commun ?

On dit souvent que les acteurs et actrices sont des « monstres sacrés », de véritables « dieux vivants ». Il est vrai que la magie du cinéma et la célébrité transforment ces hommes et ces femmes en personnalités à la fois convoitées, désirées, admirées et inaccessibles… Ce sont des gens comme tout le monde me direz-vous après réflexion ! Mais est-on vraiment « comme tout le monde » lorsqu'on est choisi par des grandes marques de parfum ou par les plus prestigieux couturiers pour devenir leur égérie ? Voilà, le mot est lancé et il n'en faut pas plus pour rendre mythologiques ces acteurs et actrices. Avant de désigner une personne connue dont le visage est affiché en quatre par trois dans le métro ou à tous les arrêts de bus, Égérie est en effet un personnage de la mythologie romaine !

Égérie est une nymphe, maîtresse du second roi mythique de Rome, Numa Pompilius. Elle avait pour habitude de retrouver son amant près d'une source au cœur d'un bois sacré de Rome, situé au pied d'une colline. Lors de ces rendez-vous secrets, la nymphe dictait à son amant la politique à suivre pour bien diriger la cité. Elle ne faisait donc pas de promotion d'amphores luxueuses ni ne vantait les mérites de grands fabricants de toges auprès des sénateurs ! Inconsolable après la mort de son royal aimé, Égérie est transformée en source par Diane, la déesse de la forêt.

C'est Balzac qui, en 1846, sort la pauvre Égérie de sa torpeur. Dans *La Cousine Bette* et *Les Comédiens sans le savoir*, il associe Madame Fontaine à la figure mythologique d'Égérie, puisqu'elle conseille artistes et hommes politiques. Égérie est toute recommandée pour désigner ces personnes prodiguant avis et conseils car en plus d'avoir été l'inspiratrice de Numa Pompilius, elle est souvent associée à Junon, déesse de la fécondité et de la maternité, invoquée pour engendrer enfants… et idées ! Comme le dit l'adage, « Derrière chaque grand homme se cache une femme. »

De nos jours, celles qu'on appelle égérie ne sont plus dans l'ombre mais, au contraire, en pleine lumière : acteurs ou mannequins mettent leur notoriété au service d'une grande marque. La marque Chanel d'ailleurs a surpris tout le monde en choisissant récemment pour égérie du plus connu des parfums pour femmes, son mythique *Numéro 5*, non pas une figure féminine comme il est de coutume, mais un homme. Et non des moindres, puisqu'il s'agit d'un symbole de la masculinité : Brad Pitt ! Acteur qui, en 2004, jouait un certain Achille dans le film *Troie*… La mythologie n'est jamais bien loin !

Samuel Morse

Comment ce peintre a-t-il révolutionné les modes de communication ?

Les pensées de Samuel Morse divaguent. Il se sent complètement perdu. Et ce n'est pas l'immensité de l'océan Atlantique entourant le bateau vapeur en direction des États-Unis qui pourrait atténuer ce sentiment. Au milieu de la nuit, accoudé au bastingage, le cinquantenaire aux cheveux argentés réfléchit. Après le refus du Congrès américain en 1838, ce sont au tour des Européens de rejeter sa demande de financement d'un projet pourtant novateur : une ligne de télégraphie électrique qui permettrait d'échanger des messages sur une longue distance et qui, il en est persuadé, révolutionnerait les modes de communication. Il songe un instant à disparaître dans les remous noirs créés par le vapeur avant, bien heureusement, de se ressaisir. Il ne lui faudra en effet qu'un peu plus de persévérance pour voir son idée se concrétiser, s'inscrivant dans l'histoire comme l'inventeur de l'appareil et du code qui portent son nom : le morse !

Ayant débuté sa carrière en tant que peintre – il commencait à acquérir une certaine notoriété à New York –, Samuel Morse laisse de côté les beaux-arts pour se consacrer à sa deuxième passion : les innovations techniques qui, en son temps, n'en finissent pas de voir le jour. Ainsi rencontre-t-il de nombreux scientifiques, et c'est au détour d'une conversation sur l'utilisation de l'électro-aimant et sur les travaux d'Ampère avec le géologue Charles Thomas Jackson que Morse à l'idée d'un moyen de communication à longue distance.

En 1837, tandis qu'il s'enferme avec Leonard Gale et Alfred Lewis Vail dans l'atelier de ferronnerie des parents de ce dernier, il met au point un prototype de télégraphe. Ils ne sont pas à proprement parler les inventeurs de cet outil, mais en révolutionnent l'approche en rendant plus simple sa conception et surtout son utilisation. Là où toutes sortes de signes et de procédés étaient utilisés, Morse et ses comparses développent un alphabet simple, composé de points et de barres, promis à un bel avenir !

C'est finalement en faisant jouer une de ses relations au Congrès que Samuel obtient des fonds pour construire la première ligne de télégraphe entre Baltimore et Washington : 61 kilomètres, l'ambition est grande ! Le 24 mai 1844, à l'aide d'une série d'impulsions courtes et longues, le premier message officiel est transmis. Le texte, devenu célèbre, est le suivant : « *What hath God wrought ?* » (« Quelle est l'œuvre de Dieu ? »). Le succès de son invention est immédiat : le pays se couvre de lignes télégraphiques et l'appareil de Morse s'exporte dans le monde entier, des rives de la mer Baltique au détroit du Bosphore, en passant par l'Amérique du Sud.

Avec l'invention du télégraphe sans fil en 1895, vingt ans après Morse, le code qui porte son nom devient le mode de communication privilégié des marins. Et même si vous n'avez jamais pris la mer, vous avez certainement déjà entendu le code élaboré par l'Américain. C'est avec un code morse que sera créée l'une des premières sonneries de l’histoire des SMS, la célèbre sonnerie des premiers téléphones Nokia : « … – –…… – –… », qui veut tout simplement dire… « S.M.S, S.M.S » ! On n’arrête pas le progrès !

Atlas

Pourquoi un Titan sert-il à désigner les recueils de carte ?

Si l'on demande à un enfant où se trouve la France sur une carte par rapport au continent américain, la réponse sera invariable : « À droite ! » On ne pourra pas lui donner tort… La France l'est en effet sur la carte communément admise pour représenter notre monde. La Terre étant sphérique (n'en déplaise à certains), la France pourrait aussi bien être à droite de l'Amérique, voire au-dessus ou encore en-dessous ! Renversant, n'est-ce pas ? Que ce soit sur des peaux d'animaux, du bois ou encore de la pierre, les hommes ont de tout temps créé des cartes. Celle que nous utilisons a été créée par le cartographe flamand Mercator en 1569. Il existe toute sorte de cartes : sur certaines, l'Océanie se trouve en haut et le nord en bas, sur d'autres les océans et mers sont au centre tandis que les terres immergées sont reléguées à la périphérie ! C'est à n'y plus s'y retrouver ! Vous le savez sûrement, ces différentes cartes peuvent être regroupées dans un recueil généralement appelé « atlas ». Le terme évoque la fameuse chaîne de montagnes qui s'étend sur le Maghreb, mais c'est avant tout un personnage mythologique, dont l'histoire n'est pas sans lien avec celle de notre belle planète bleue…

Dans la mythologie grecque, Atlas est un Titan. Ses frères et lui descendent d'Ouranos (le Ciel) et de Gaïa (la Terre), qui ont également engendré Zeus et les dieux de l'Olympe. Comme il est parfois de mise dans les familles, frères et sœurs forment rapidement deux clans rivaux : d'un côté les dieux, de l'autre les Titans, qui se détestent et se déchirent. Après une guerre sans merci pour décider qui contrôlerait le monde, les Titans doivent reconnaître leur défaite. Zeus, non content d'avoir gagné, châtie les vaincus : certains sont envoyés dans le Tartare, sorte de purgatoire mythologique fermé d'une lourde porte de fer et dans lequel de nombreux criminels expient leurs fautes en subissant toute sorte de tortures. Quant à Atlas, il est condamné à rien de moins que tenir sur ses épaules la voute céleste pour l'éternité. L'éternité ça laisse le temps de réfléchir, mais aussi le loisir d'observer dans le détail ce qu'on a sous les yeux… à savoir, dans le cas d'Atlas, courbé par la voute céleste : la planète Terre !

Avec cette histoire en tête, Mercator réalise un recueil de cartes publié en 1595. Sur le frontispice de l'ouvrage (la première page qui l'illustre), on peut voir une gravure représentant un homme athlétique, bien que d'un âge certain, soutenir la voûte céleste de son dos tandis qu'il observe notre Terre avec attention… Vous aurez reconnu Atlas ! D'ailleurs si la référence n'était pas évidente, Mercator a lui-même choisi d'intituler son recueil *Atlas sive cosmographicae meditationes de fabrica mundi et fabricati figura…* Vous savez ce qu'il faut mettre dans votre valise si vous partez en croisière !

James Thomas Brudenell

Comment un militaire a-t-il lancé la mode du cardigan ?

Aujourd'hui incontournable dans nos armoires en cas de petit coup de froid ou simplement pour être élégant sans trop en faire, le cardigan n'a pas été créé par un grand couturier, mais dans le feu de l'action par un militaire britannique au XIXe siècle : James Thomas Brudenell. Il est âgé de 13 ans lorsque son père hérite d'un immense comté dans l'ouest du pays de Galles, faisant du garçonnet le futur comte du domaine de… Cardigan !

À cette période, en 1853, une coalition formée par l'Empire ottoman, la France, le Royaume-Uni et le royaume de Sardaigne déclare la guerre à l'Empire russe, dont les velléités d'expansion deviennent inquiétantes. James, désormais septième comte de Cardigan, participe à la guerre de Crimée et rejoint les forces britanniques en tant que major-général. Lorsqu'il arrive dans la péninsule, sa réputation n'est pas glorieuse, étant avant tout connu pour son arrogance et son extravagance… Un épisode le rend pourtant célèbre, même s'il se révèle être un véritable échec. Nous sommes le 25 octobre 1854. Aux portes de la ville de Sébastopol, la coalition se heurte aux Russes. Au cours de cet affrontement qui deviendra la fameuse bataille de Balaklava, lord Cardigan n'interprète pas correctement les ordres de son commandant. Il lance l'assaut avec un peu plus de 600 cavaliers, alors que les forces russes sont constituées de près de vingt bataillons d'infanterie, c'est-à-dire des milliers d'hommes ! Inutile et imprudent, l'acte de Cardigan se solde par un carnage : plus de 100 soldats perdent la vie et près de 250 sont blessés…

Mais quel est le rapport entre ce champ de bataille et le gilet chaud confortable que l'on porte ? Nous y voici. Au cours de cette charge, lord Cardigan porte la tenue règlementaire, notamment un chandail en laine à col montant. Au cœur de l'action, le comte, s'y sentant à l'étroit, l'aurait fendu du col jusqu'à la taille avec son sabre. Séduit par le confort offert par ce vêtement, Brudenell s'en fit fabriquer dès son retour de Crimée. De ce geste impulsif naîtra le nouvel habit que l'on connaît si bien. La célébrité acquise par James Brudenell en 1854 permet à son « cardigan » d'être commercialisé dès 1868 et d'entrer dans le dressing des aristocrates britanniques. La même année, le comte de Cardigan meurt d'une chute de cheval. Enrichi de boutons, le vêtement connaît au XXe siècle un succès fulgurant. D'un pull en laine avec lequel il a eu maille à partir, Brudenell créa donc une tenue aussi pratique qu'élégante que chacun ressort des penderies une fois l'été terminé.

Guillaume Massiquot

Comment ce coutelier a-t-il inventé le rogne-papier ?

Pour imprimer ce livre, il aura fallu de nombreuses machines : les pages sont imprimées 16 par 16 ou 24 par 24 sur des rouleaux de papier avant d'être coupées, pliées, assemblées. Une fois constitué, il ne reste plus qu'à « massicoter » les marges du livre, en haut, en bas et à droite. « Massicoter », en voilà un drôle de verbe ! S'il n'est pas si courant, c'est parce qu'il fait partie du jargon des imprimeurs et des papetiers. Le massicot est un outil permettant de couper un grand nombre de feuilles de papier ou de carton en même temps avec une grande précision. S'il ressemble à une guillotine qu'on actionne à la main, ce n'est pas un hasard. Guillaume Massiquot a conçu son rogne-papier en 1844 en s'inspirant de l'implacable machine de Monsieur Guillotin (et Antoine Louis !).

Né en 1797 dans la ville indrienne d'Issoudun, Massiquot est formé à la coutellerie. Après un passage par Bourges, il monte à Paris en 1840. Sur certains registres le concernant, on peut lire qu'il occupe le métier de « serrurier mécanicien ». Cela atteste de l'extraordinaire nature « touche-à-tout » de cet homme humble, fils d'un maréchal-ferrant à l'origine de différentes inventions et améliorations de machines existantes.

Si vous aviez poussé la porte d'une librairie avant la Révolution, vous auriez pu y trouver des ouvrages brochés ou reliés. Après 1789 cependant, il devient très rare de voir des livres reliés, majoritairement remplacés par des ouvrages brochés. Contrairement aux volumes reliés, les procédés de fabrication du broché impliquent des pages non coupées. Afin de pouvoir tourner les pages, le lecteur doit utiliser un coupe-papier, dont on ne se sert de nos jours que pour ouvrir les enveloppes.

Dans la première moitié du XIXe siècle, la reliure collée apparaît, et vers 1830 les marges commencent à être coupées dès la production des ouvrages grâce à des machines à rogner, parfois peu efficaces. Alors qu'il est cloué au lit à cause d'une convalescence particulièrement longue, Massiquot lit beaucoup et remarque que la plupart des livres sont mal fignolés, d'où l'idée d'un procédé à même de couper nettement le papier. Il dépose ainsi en 1844 un brevet pour sa machine appelée « massicot ». Malgré les nombreuses blessures causées par celle-ci, son ingénieux système de volant et d'engrenages manuels actionnant une lame oblique en fait un outil rapidement adopté par les professionnels. Et si les conditions de sécurité ont certes évolué, le principe du massicot est toujours utilisé de nos jours.

Vous l'aurez remarqué, le massicot n'est pas orthographié comme le nom de son inventeur ! C'est que l'orthographe du nom de l'Indrien a changé plusieurs fois : si l'on trouve mention d'un Guillaume *Massicot* dans les registres d'Issoudun, c'est ensuite un Guillaume *Massiquot* qui dépose le brevet du rogne-papier qui le fera passer à la postérité. En tout cas, dans sa ville natale, la rue lui rendant aujourd'hui hommage s'est conformée à l'outil, avec un « c ».

Damoclès

Pourquoi a-t-il inspiré l'expression
« avoir une épée de Damoclès au-dessus de la tête » ?

Dans la salle du trône de la cité de Syracuse, des courtisans se pressent autour de leur roi, Denys l'Ancien. Parmi eux, un certain Damoclès se montre particulièrement zélé : il ne cesse de rappeler à Denys que son statut de tyran fait de lui le plus chanceux des hommes. Denys l'Ancien est un homme tout-puissant à qui rien ne semble manquer. Après un formidable coup d'État, il s'est arrogé tous les pouvoirs et règne sur Syracuse d'une main de fer. Mais, contrairement à ce que ce Damoclès lui affirme, c'est justement cette position qui le rend vulnérable : en proie à des crises d'angoisse de plus en plus fréquentes, le roi craint pour sa vie et se sent menacé en permanence. Il est vrai que dans le monde grec au IVe siècle av. J.-C., la situation politique est pour le moins complexe… Et la ville de Syracuse ne déroge pas à la règle.

Alors, pour déjouer les éventuels complots et tentatives d'assassinat dont il pourrait être victime, Denys constitue une immense garde dédiée à sa protection. Pour apaiser ses inquiétudes, il ordonne à ses adorateurs de le flatter, dont Damoclès, qui lui répète à quel point il est fortuné. Mais le souverain se lasse vite de ces flatteries et ne manque pas de le lui faire savoir. Rien n'y fait, Damoclès maintient sa position, ce qui agace profondément le tyran : si seulement ce courtisan comprenait ce qu'il doit endurer chaque jour pour conserver son pouvoir ! Denys pourrait se débarrasser de cet entêté en le jetant aux lions ou aux crocodiles… Mais, faisant preuve de plus d'ingéniosité que de cruauté, il échafaude un véritable stratagème pour le faire taire. Après l'expérience qu'il lui réserve, celui-ci ne pourra plus mettre sa parole en doute, c'est certain !

Denys propose ainsi à Damoclès de prendre sa place pendant toute une journée. Lorsque l'heure du banquet sonne, le flatteur s'installe sur le trône avec l'intention de profiter comme il se doit des festivités. Le tyran cependant a autre chose en tête et fait suspendre une épée au-dessus de Damoclès. Quand ce dernier finit par lever la tête, il réalise qu'une arme menace de lui fendre le crâne d'un instant à l'autre ! Le courtisan devenu souverain le temps d'une journée est contraint de terminer le banquet, paralysé par la peur. Si l'ambiance est quelque peu gâchée, le message est en revanche très clair : le despote est puissant, mais sa vie ne tient qu'à un fil !

On raconte que l'homme d'État et grand auteur romain Cicéron aurait érigé la morale de cette histoire en véritable principe de gouvernance après l'avoir découverte dans un ouvrage de l'historien Diodore de Sicile. La légende de Damoclès traversa ainsi les époques pour arriver jusqu'à nous. Il faudra pourtant attendre le XIXe siècle pour que l'expression « avoir une épée de Damoclès au-dessus de la tête » entre dans l'usage pour désigner un danger constant. Damoclès a-t-il vraiment existé ? Nul ne le sait, mais son nom, lui, est entré dans notre vocabulaire.

Cassandre

Pourquoi ce personnage est-il synonyme de mauvais augure ?

La guerre de Troie est l'un des mythes grecs les plus connus. Les premiers noms qui nous viennent à l'esprit sont bien évidemment ceux d'Ulysse, Achille ou encore Hélène. Pourtant, un autre personnage de ce conflit légendaire a dû endurer le pire avant d'inspirer une expression de la langue française : « jouer les Cassandre », utilisée pour désigner une personne qui ne cesse d'annoncer de futurs drames *a priori* infondés. Pour comprendre qui est cette Cassandre et pourquoi est-elle synonyme de mauvais augure, il faut nous plonger dans la légende.

La succession de Priam, le vieux roi de Troie, semble être définitivement assurée : il aurait, d'après le célèbre poète Homère, plus de soixante enfants ! Parmi cette nombreuse descendance se détache Cassandre, réputée pour son incroyable beauté et pour séduire tous ceux qui la rencontrent. Ainsi, lorsqu'Apollon croise son chemin, il en tombe éperdument amoureux ! Le dieu du soleil, du chant, de la musique et de la poésie la courtise et décide de lui faire un précieux cadeau. Lui-même est doté de pouvoirs prophétiques et lui offre le don de prévoir l'avenir. Mais la fille de Priam reste de marbre et refuse ses avances !

Peu habitué à se voir éconduit, Apollon est piqué au vif. Sous la colère, il condamne Cassandre à prédire le futur sans ne jamais être crue, pas même par les membres de sa famille. Une punition démesurée qui va s'avérer dévastatrice…

Cassandre commence rapidement à voir l'avenir : d'après ses visions, l'enfant que porte sa mère sera responsable de la chute de Troie. La jeune femme est entendue puisque le nourrisson, prénommé Pâris, est abandonné à sa naissance. Les années passent et la situation semble maîtrisée. Plus aucun danger ne pointe, les visions de Cassandre se sont tues. Mais Pâris, désormais adulte, fait son grand retour à Troie. Il fait la rencontre de la déesse Aphrodite, qui lui promet l'amour de la plus belle des femmes, Hélène. Cassandre comprend bien vite : son frère s'apprête à se rendre en Grèce pour enlever Hélène, l'épouse de Ménélas, roi de Sparte. Tous les pions sont en place et le conflit imminent. Les nombreuses mises en garde de Cassandre ne rencontrent pas d'écho : Pâris rentre à Troie avec Hélène ; la guerre est déclarée.

Cassandre continue de multiplier les alertes, annonce avec précision les prochaines catastrophes, en vain : les Troyens la pensent folle. La malédiction n'en finit pas de s'abattre sur la jeune femme dont les proches meurent les uns après les autres. Connaissant l'avenir des siens, elle ne peut qu'assister, impuissante, à une succession d'événements tragiques et à la prise de Troie, jusqu'à sa propre fin. Alors que la ville est mise à sac par les Grecs, elle est violée par Ajax, un guerrier grec, enlevée par Agamemnon, roi de Mycènes, avant d'être assassinée par l'épouse de ce dernier ! La malédiction jetée par Apollon aura poursuivi la jeune femme jusqu'au dernier instant : Cassandre eut la vision de sa mort… sans que personne ne puisse l'aider.

PHINEAS TAYLOR BARNUM

Pourquoi un charlatan a-t-il fait autant de bruit ?

« Mesdames, Mesdemoiselles et Messieurs, que le spectacle commence ! Venez frissonner et admirez une authentique sirène, l'homme le plus petit du monde et la femme sans corps ! » C'est ainsi que Phineas Taylor Barnum interpellait la foule devant son théâtre de curiosités. Il fut sans conteste le plus grand charlatan du XIXe siècle, prêt à tout pour qu'on parle de lui, sachant créer le « buzz » avant l'heure. Les différentes significations de son nom qu'il laissera dans le dictionnaire sont aussi nombreuses que les créatures étranges qu'il montrera à son public tout au long de sa vie, et qui feront sa fortune.

Jeune employé de boutique, ce natif du Connecticut se lance dans l'organisation de loteries, alors très prisées par le grand public. Il a le sens du commerce et sait attirer la clientèle. En 1834, il achète Joyce Heth, une esclave aveugle et handicapée mentale qu'il décide de faire passer pour une gouvernante de George Washington, âgée de 161 ans ! Il n'a que 20 ans et sa carrière de charlatan semble débuter en fanfare ! Il commence ses tournées aux quatre coins des États-Unis et rencontre un franc succès. Il acquiert bientôt le Musée américain de New York où il « expose » toutes sortes de curiosités humaines dans une salle de spectacle pouvant accueillir 3 000 personnes. On se presse pour voir les phénomènes de foire : Tom Pouce, un nain de 63 centimètres ; la dépouille d'une sirène des îles Fidji (en réalité une tête de singe cousue sur un corps de poisson…) ; des frères siamois, etc. Il convainc même la cantatrice Jenny Lind de rejoindre sa production et crée des produits cosmétiques à son effigie, faisant ainsi du « Rossignol suédois », comme on l'appelait à l'époque, la première chanteuse star. Barnum enchaîne les coups médiatiques et accueille 33 millions de spectateurs entre 1842 et 1865 !

Si vous pensez qu'il s'arrête là, c'est bien mal le connaître ! À l'âge de 61 ans il se lance dans le cirque, mais pas n'importe lequel : le Barnum & Bailey Greatest Show on Earth, le « plus grand spectacle sur terre ». Avec trois pistes, des dizaines de chapiteaux pouvant accueillir 10 000 personnes, des centaines d'artistes et d'animaux, des numéros ahurissants, le tout emporté par un train de 80 wagons, Barnum ne nous a pour une fois pas menti !

Avec ce tapage mis en œuvre pour attirer le chaland, ses innombrables chapiteaux abritant des curiosités en tout genre, vous comprenez dès lors pourquoi le terme « barnum » désigne tout à la fois quelque chose de bruyant, une structure servant à abriter forains et commerçants ambulants, un énorme désordre et surtout… un charlatan donnant dans le spectaculaire !

Jean Chouan

Pourquoi ce contrebandier est-il devenu un symbole ?

Il n'est pas inutile de rappeler que la Révolution n'a pas fait que des heureux… Je ne veux pas seulement parler de Louis XVI et de Marie-Antoinette qui y laissèrent leur tête ! À la suite de 1789, de nombreuses personnes se soulevèrent contre le nouveau régime en place. Parmi elles, un groupe de contre-révolutionnaires particulièrement organisé qui sévit dans tout l'ouest de la France, de la Mayenne à la Vendée, en passant par la Bretagne, la Normandie et l'Anjou. Ce mouvement d'une ampleur considérable, qui au plus fort de son activité rassemblait 50 000 jeunes hommes, resta dans les mémoires sous le nom de « chouans ». D'où vient ce nom étrange ?

Pour le savoir il faut revenir aux causes de l'insurrection. Dès 1789 et les premières mesures votées par la toute nouvelle Assemblée nationale, notamment le décret du 2 novembre nationalisant les biens du clergé, la réaction royaliste s'organise localement. C'est surtout suite à la levée en masse de soldats pour l'armée révolutionnaire et le tirage au sort organisé à cette fin que de nombreux jeunes hommes décident de prendre les armes et d'entrer en clandestinité. L'Assemblée vote aussi l'abrogation de la gabelle, un impôt sur le sel existant depuis le XIVe siècle… Une belle avancée me direz-vous ? Certes, mais seulement voilà : cette abolition réduit à la misère près de 2 000 familles vivant de la contrebande du sel. C'est justement dans ce commerce que l'on retrouve un certain Jean Cottereau, plus connu sous le nom de… Jean Chouan !

Fils d'une longue lignée de contrebandiers, son surnom – qui a été celui de son père et de son grand-père avant lui – est dû à ce commerce illicite… Pour se livrer à leur trafic, les contrebandiers officient de nuit et communiquent en imitant le hululement de la chouette appelée « chat-huant » dans la Mayenne d'où il est originaire… Notre Chouan serait donc un rapace nocturne ! Mais pourquoi près d'un demi-million d'hommes prirent-ils son nom ? La famille de Chouan étant réduite à la misère, ce dernier s'engage dans l'insurrection. S'étant déjà fait remarquer pour son caractère explosif et déterminé (il avait été condamné à mort en 1780 pour avoir tué un agent chargé de collecter la gabelle mais avait réussi à échapper à la pendaison), il n'a plus rien à perdre. Les insurgés le choisissent donc comme chef de bande et bientôt, tout le mouvement se réclame de cet homme qui n'a peur de rien : ils deviennent les chouans.

En 1794, après avoir organisé nombre de coups de main, protégé des prêtres réfractaires et favorisé l'émigration de centaines de contre-révolutionnaires, Jean Chouan trouve la mort dans un acte héroïque : il se met en travers du feu des républicains pour sauver sa belle-sœur, enceinte. Celui qui aura fait vaciller les autorités révolutionnaires tombera criblé de balles, laissant son nom dans l'histoire de France ainsi qu'un animal totem à l'insurrection contre-révolutionnaire : la chouette, qui n'est pas sans rappeler celle qui accompagne toujours Athéna, la déesse grecque de la guerre… Un hasard ?

Monsieur et Madame Pipelet

Pourquoi ce couple a-t-il donné l'expression « piper mot » ?

Dans leur loge, les concierges bénéficient d'une position privilégiée. Elles contrôlent les entrées, les sorties, les visites, réceptionnent le courrier. On leur confie aisément nos plaintes ou confidences, on sollicite leur aide. Par conséquent, elles savent tout de la vie des habitants de leur immeuble : madame Bouvier n'est pas allée au travail jeudi dernier, monsieur Chopin est malade, l'aîné des Berger a reçu une jeune fille, madame Marcos est rentrée tard lundi soir, les Kresker ont encore reçu une lettre des impôts... À raison ou à tort, elles ont la réputation d'avoir la langue bien pendue, ou comme on le dit couramment, d'être des pipelettes ! Ce terme leur va plutôt bien car il provient de célèbres concierges !

Monsieur et Madame Pipelet sont deux personnages créés par Eugène Sue. Ce couple de portiers de la rue du Temple dans *Les Mystères de Paris* fait rire aux éclats les lecteurs de France entre 1842 et 1843, au fil des épisodes quotidiens parus dans *Le Journal des débats*. Alfred et Anastasie Pipelet s'occupent des affaires de l'immeuble avec énergie, donnant leur avis sur les mœurs des habitants, fulminant contre l'un, se plaignant de l'autre, jasant à propos d'un troisième. Dans le Paris des bas-fonds, peuplé de filles des rues, de voleurs et de quelques honnêtes gens, Eugène Sue fait entendre une langue vivante, résonnante d'argot, et les sorties d'Anastasie Pipelet sont savoureuses. Voici par exemple comment elle s'adresse à l'huissier Malicorne : « Si vous attaquez mon physique, je me jette sur vous et je vous mords [...] ; et par là-dessus, mon locataire, mon roi des locataires vous fichera du haut en bas des escaliers, comme il le dit... et je vous balaierai comme un tas d'ordures que vous êtes. » C'est fleuri ! L'huissier n'est pas près de repasser, et quant au lecteur, il en redemande !

Ainsi, en 1955, André Hunebelle réalise le film *L'Impossible Monsieur Pipelet*, qui achèvera de faire entrer le couple dans la légende. Dans cette comédie sociale, le fils des propriétaires de l'immeuble souhaite épouser la fille des concierges, Mathilde, au grand désarroi de tous. Après de grands cris et la disparition des deux jeunes gens, le mariage est célébré dans la joie par les personnages qu'incarnent Michel Simon, Gaby Morlay, Etchira Choureau et Louis de Funès.

Le mot « pipelet » et son féminin « pipelette » qui, dès 1854, désignent un ou une concierge, deviennent bien vite synonymes d'une personne bavarde. Peut-être vous demandez-vous pourquoi Eugène Sue a choisi de nommer ses personnages Pipelet. Ce mot pourrait venir de la même racine que le verbe « piper », soit « parler » ou « dire », terme que l'on emploie encore dans l'expression : « il ne pipe mot ». Une autre question demeure cependant : si le mot « pipelet » existe, on emploie plus fréquemment le féminin « pipelette », même pour désigner un homme qui parle trop... La raison ? Les femmes auraient la réputation d'être plus bavardes que les hommes... affirmation qu'aucune étude n'est évidemment jamais venue confirmer !

Laïus

Pourquoi le nom du père d'Œdipe est-il associé à un texte ennuyeux ?

La mythologie grecque regorge d'histoires fabuleuses ou d'aventures héroïques, mais aussi (et surtout !) de récits plus sombres : meurtres, trahisons, viols et autres réjouissances. Si les mythes ont donné à notre dictionnaire un certain nombre de mots, il en est quelques-uns qui n'ont *a priori* rien à voir avec le terme qu'ils ont créé… Voyez plutôt : tout le monde connaît le mot « laïus » qui désigne un discours emphatique et creux. Eh bien figurez-vous que ce terme, en apparence innocent, nous provient d'un affreux mythe dans lequel interviennent un abandon, un meurtre, un inceste… Quel lien peut-il y avoir entre les deux ?

Après de nombreuses péripéties, Laïus, ou Laïos, fils du roi de Thèbes, monte enfin sur le trône. Il épouse Jocaste, mais l'oracle de Delphes lui prédit qu'il sera tué par son fils, lequel épouserait sa mère… Horrifié à cette idée, Laïus décide de renoncer à toute relation charnelle avec Jocaste. Cependant, une nuit, ivre, il fait l'amour avec sa femme qui tombe enceinte et donne naissance à un garçon : Œdipe. Pour empêcher que la prédiction se réalise, Laïus l'abandonne sur le mont Cithérion, où l'enfant est recueilli par un berger avant d'être confié à Polybe, le roi de Corinthe. L'enfant abandonné grandit auprès de Polybe, ignorant tout de son histoire. Ainsi, quand l'oracle de Delphes lui apprend sa réelle destinée, il quitte Corinthe en pensant fuir son père.

Dans son exil, il croise sur une route le roi Laïus, qui ne reconnaît pas son fils. Le chemin est étroit et très vite les deux hommes se disputent pour savoir qui aurait la priorité pour passer. Une bagarre éclate alors, au cours de laquelle Œdipe tue Laïus. La malédiction est en train de s'accomplir ! On connaît la suite de l'histoire : plus tard, après avoir résolu l'énigme du Sphinx, ce monstre qui terrorisait les voyageurs, Œdipe épousera une certaine Jocaste, autrement dit sa propre mère ! Vous aurez remarqué qu'il n'est jamais question de prise de parole dans ce récit… C'est justement cette absence de discours qui aurait inspiré, en 1804, les rédacteurs du concours d'entrée à la fameuse École polytechnique. Les candidats devaient en effet imaginer l'échange entre Laïus et Œdipe au moment de leur rencontre. Très inspirés et voulant faire état de leur grande culture, ils auraient écrit des pages et des pages d'un ton emphatique et surtout soporifique ! Amusés par cet épisode, les étudiants reprirent ce terme pour désigner une dissertation ou un exposé particulièrement long et ennuyeux !

Concernant l'infortuné Laïus, il existe également une autre version de son histoire. Comme chacun sait, les mythes sont faits et défaits selon l'inépuisable imagination des hommes, au fondement même de ce qui nous distingue des animaux et nous confère notre humanité… Il vaut mieux que nous nous en arrêtions là, au risque de transformer ce petit texte en véritable laïus !

Antoine et Gabriel Gibus

Pourquoi ces frères ont-ils donné leur nom au chapeau claque ?

C'est le comble de l'élégance. Allant de pair avec la redingote et les gants blancs, le haut-de-forme est un accessoire qui confère aux hommes une stature et une prestance sans équivalents. Il est impensable pour la haute société de sortir sans s'en couvrir la tête. C'est donc une forêt de hauts-de-forme qui chaque soir se presse devant les guichets des opéras, sans aucun doute l'un des lieux de loisirs les plus prisés en ce début de XIXe siècle. Seulement voilà : cette mode devient vite un calvaire, car s'il est élégant, ce chapeau prend de la place lorsqu'on l'enlève ! Se posent donc rapidement des problèmes de stockage. Comment remédier à cela ? Créer de plus grands vestiaires ? Changer la mode ? Antoine et Gabriel Gibus ont une autre idée : si les vestiaires des opéras et des salles de réception ne peuvent être plus grands, c'est au haut-de-forme de se faire plus petit !

Ces chapeliers parisiens, originaires de Limoges, imaginent alors un chapeau que l'on peut aplatir et qui, grâce à un ressort, reprend sa forme initiale dans un formidable clac. Il fallait y penser ! Gabriel invente, Antoine développe, et le premier brevet est déposé le 23 juillet 1834, pour « un chapeau à forme pliante dans le sens perpendiculaire » auquel ils donnent leur nom : Gibus. Adopté par toute la société bourgeoise et aristocratique, cet ingénieux couvre-chef règle enfin les problèmes des vestiaires ! Le duc d'Orléans, fils aîné du roi Louis-Philippe, le porte lui-même, contribuant à le rendre célèbre. Le Gibus devient le chapeau par excellence pour aller aux spectacles, étant même connu des Anglais sous le nom de *opera hat*. En France on l'appelle aussi « chapeau claque » en raison du son particulier qu'il émet en se dépliant. Les deux chapeliers réalisent la moitié de leur chiffre d'affaires en Amérique du Sud et en Russie tandis que la presse satirique et les écrivains s'emparent avec gourmandise de cette nouvelle invention : ainsi peut-on lire de nombreuses aventures de personnages ridicules aux prises avec des Gibus. Moins de dix ans après sa conception, « Gibus » perdra sa majuscule et désignera tous les chapeaux à claque, qu'ils soient ou non fabriqués par les frères limougeauds. Antoine Gibus ne dépose pas moins de trente brevets différents avec son frère Gabriel, notamment pour un « système de couverture de registres, recueils et cahiers quelconques »... Vous aurez reconnu le fameux classeur à anneaux, compagnon de tous les écoliers !

Aujourd'hui on ne porte le gibus qu'aux très grandes occasions... ou pour défier les codes les plus établis. Au très huppé mariage de la princesse Eugénie d'York, petite-fille de la reine Élisabeth II, on a ainsi pu admirer le mannequin Cara Delevingne vêtue non pas d'une robe comme le veut la tradition mais d'un smoking noir... et coiffée d'un gibus !

Saint Cyrille

Pourquoi ce moine est-il à l'origine d'un alphabet majeur ?

Quand on pense au Moyen Âge, on imagine souvent une période ténébreuse, un temps durant lequel la marche du progrès se serait arrêtée net. Si cela est en partie erroné, il est évident que certaines « avancées » régressent considérablement. C'est le cas de la pratique de l'écriture : Charlemagne lui-même ne sait pas écrire et ne signe que d'une simple croix. Impensable pour un empereur ! Étant constamment plongés dans l'étude et la copie des écrits saints, les moines sont presque les seuls à perpétuer la tradition de l'écriture. Il n'est donc pas étonnant qu'un des alphabets majeurs de notre temps ait pris le nom d'un moine : l'alphabet cyrillique, que l'on doit au moine Constantin Cyrille.

Revenons au IXe siècle : Rostislav règne sur la Grande-Moravie, royaume slave, et cherche à échapper à l'influence culturelle tout comme à l'assimilation des empires qui l'entourent, en particulier l'Empire germain et l'Empire grec. Le roi demande alors au pape et à l'empereur byzantin de lui envoyer des hommes capables de mener à bien une mission de christianisation en langue slave. L'empereur Michel III pense immédiatement aux moines Méthode et Cyrille, ces deux frères qui s'étaient quelques années plus tôt illustrés au nord de la mer Noire, pour avoir converti de nombreuses peuplades des steppes. Hommes d'Église, ces érudits sont désignés car ils sont aussi des grands connaisseurs des dialectes de Macédoine. Afin d'uniformiser la liturgie qu'ils enseignent aux peuples rencontrés, ils créent un outil à la fois simple et complexe… un alphabet, rien que ça !

Cet alphabet dit « glagolitique » est un véritable travail d'orfèvre. À partir des différents dialectes slaves, d'éléments phonétiques et graphiques du grec, les deux moines élaborent un alphabet permettant à chacun de lire de la même façon et de s'adresser ainsi d'une même voix à Dieu. L'alphabet cyrillique aurait été créé peu de temps après à partir du glagolitique par un disciple de Cyrille, qui donnera le nom de son maître en hommage. L'Église d'Occident, qui ne reconnaissait que l'hébreu, le grec et le latin comme langues légitimes, fut d'abord réticente à l'idée d'intégrer une nouvelle langue dans sa liturgie. Mais en constatant le formidable travail de Cyrille et Méthode, elle abandonna l'usage du vieux slave et adopta l'alphabet cyrillique. Les deux frères, canonisés en 1880, sont d'ailleurs maintenant connus dans la chrétienté comme « apôtres des Slaves ».

Il faut savoir que cet alphabet cyrillique recoupe une multitude de langues slaves dont le russe, le biélorusse, le bulgare, le serbe, l'urkrainien… qui comportent toutes des différences importantes. Le russe par exemple compte 33 lettres quand le bulgare n'en a « que » 30. De par sa richesse, il est devenu en 2007 à l'entrée de la Bulgarie dans l'Union européenne, le troisième alphabet officiel après le latin et le grec !

Paparazzo

Pourquoi un personnage de film a-t-il donné le terme de « paparazzi » ?

Partout, ils suivent les vedettes et célébrités, à l'affût d'histoires d'amour cachées, de trahisons et de zones d'ombre. Se développant en même temps que les studios – qui auparavant scénarisaient la vie publique des stars –, ils perdent de leur pouvoir après la Seconde Guerre mondiale et rivalisent d'ingéniosité pour être les premiers à décrocher une exclusivité ! On les retrouve cachés dans les arbres, objectifs rivés sur le bord des piscines de villas cossues, en planque dans des voitures devant de chics portes cochères ou encore sur leur moto fonçant à toute berzingue... Vous aurez reconnu les paparazzi ! Ils sont la hantise des stars et de leurs agents, mais participent pourtant à forger leur légende... D'où vient cette appellation ?

Ce terme de « paparazzo » vient du réalisateur Federico Fellini : il s'agit d'un de ses personnages. En 1960, les spectateurs découvrent sur les écrans un film amené à devenir un classique, *La Dolce Vita.* On y retrouve un Marcello Mastroianni dans la peau d'un séduisant journaliste mondain, nommé Marcello... Pourquoi faire compliqué quand on peut faire simple ? Ce journaliste travaille avec un photographe à qui il commande des scoops. Vous l'aurez deviné, ce photographe répond au nom chantant de « Paparazzo » ! Ainsi, tandis qu'il emmène dans sa décapotable l'éblouissante Silvia, jouée par Anita Ekberg, Marcello houspille les photographes qui les harcèlent en s'adressant à son acolyte : « Paparazzo, basta ! » Ce nom et cette réplique deviennent rapidement cultes.

S'il s'agit bien du nom du personnage joué par Walter Santesso, mis au pluriel en italien, il se transforme ensuite en nom commun pour désigner toute une profession, mais nous ne connaissons pas avec certitude son origine. En 1961, Fellini déclare au *Time* : « Paparazzo veut dire pour moi un insecte bourdonnant, planant, dardant, piquant. » La plupart des explications se réfèrent à différents mots issus des dialectes italiens. Certains affirment par exemple que ce terme décrirait un bruit lancinant, agaçant, comme celui d'un moustique, alors que d'autres se réfèrent au dialecte des Abruzzes, région dont le coscénariste Ennio Flaiano est originaire, dans lequel *paparazzo* signifie « palourde »… En plus de ressembler par sa forme et sa taille à l'obturateur d'un objectif photo, ce mollusque recroquevillé dans sa coquille peut nous faire penser au photographe à la recherche du scandale ! Une explication plutôt tentante, n'est-ce pas ?

Et les principaux intéressés dans tout cela ? Souvent détestés par les stars – quand ils ne sont pas molestés par les sbires de ces derniers –, ils peuvent se consoler en se remémorant ceci : si leur nom est certes assimilé à des moustiques ou à un mollusque, ils le doivent avant tout à un film ayant obtenu la Palme d'or du festival de Cannes ! Quoi de plus ironique ?

Mausole

Pourquoi un gouverneur a-t-il donné son nom à un monument funéraire ?

Vous connaissez sûrement le Taj Mahal, cette immense construction de marbre blanc qui, sous le soleil couchant, s'embrase d'une sublime lumière rose. Peut-être ne le savez-vous pas mais ce joyau moghol est bien plus qu'un simple palais. Il s'agit d'une sépulture commandée par un empereur moghol musulman en mémoire de son épouse tant aimée, morte alors qu'elle donnait naissance à leur quatorzième enfant… Si la langue française ne dispose pas de mots assez forts pour rendre la douleur causée par la perte d'un être cher, elle a néanmoins un terme pour désigner une sépulture monumentale et fastueusement décorée : « mausolée ». Tout comme le Taj Mahal, ce terme est né d'une tragique histoire d'amour. Cette histoire se déroule au IVe siècle avant notre ère et met en scène la belle Artémise, fille du roi de Carie, région située aux confins de l'Empire perse, et le gouverneur de cette même région, un certain Mausole…

Mausole est un gouverneur admiré, réputé pour la bonne administration de ses terres. Alors que son territoire s'agrandit, il choisit Halicarnasse pour capitale, ville qui connaît grâce à lui un essor incroyable. Afin de réaliser des temples majestueux et des infrastructures à la pointe de la modernité, il fait appel aux plus célèbres artistes grecs. Et pour cause : il est connu pour sa passion de la culture hellénique. On raconte qu'il récitait souvent les vers des plus grands poètes grecs à son épouse Artémise, avec qui il filait le parfait amour – et qui est aussi, soit dit en passant, sa sœur !

Seulement voilà, quand Mausole vient à mourir, Artémise est déchirée par le chagrin. La jeune reine pense à tout ce qui pourrait honorer la mémoire de son défunt amour. Pour cela, elle organise un concours littéraire et décerne un prix à l'orateur qui fera le plus bel éloge. Elle va même jusqu'à mettre dans les boissons qui sont servies des cendres de son époux… Mais elle reste surtout connue pour avoir ordonné la construction d'un immense monument funéraire à la gloire de son mari. Grandiose, il est orné de statues, de fresques, de frises. Il est tellement impressionnant que l'on accourt de toute la région pour le contempler si bien qu'il devient l'une des Sept Merveilles du monde antique, connue sous le nom de « mausolée d'Halicarnasse », qui se trouve aujourd'hui dans la station balnéaire turque de Bodrum. C'est au XVe siècle que l'on emploiera le terme « mausolée » pour désigner une sépulture somptueusement décorée en référence au défunt qu'il abrite.

Il existe bien d'autres mausolées célèbres, dont celui du premier empereur de Chine, Qin Shi Huang. Grand guerrier, il fut enterré à la fin du IIIe siècle av. J.-C. en compagnie d'une armée de terre cuite, 8 000 statues de soldats et chevaux chargées d'assurer la sécurité de l'Empereur dans l'au-delà. Cette armée n'est qu'un élément de la vaste nécropole bâtie à la gloire de Qin Shi Huang : l'ensemble ferait près de 100 km^2 ! Nous sommes tous égaux devant la mort, dit-on… surtout lorsqu'on est empereur de Chine !

Madeleine Paulmier

Comment a-t-elle rendu célèbres les madeleines ?

Même si l'on n'a pas forcément lu Proust, on se réfère souvent à sa madeleine pour parler d'une odeur ou d'un goût qui nous ramène directement à nos plus tendres années... Lorsque le narrateur d'*À la recherche du temps perdu* porte à ses lèvres une cuillerée de thé au tilleul dans lequel il avait laissé s'amollir un morceau de madeleine, une étrange sensation le frappe. Il revit littéralement les émotions de son enfance, revoit le village où il séjournait, sa tante Léonie, sa vieille maison grise, sa chambre, son jardin... Quelle douce et belle sensation. Tout cela grâce à un petit gâteau dodu en forme de coquille Saint-Jacques ! Si l'origine de la recette du gâteau le plus connu de la littérature et le plus apprécié des Français est incertaine, nous savons en revanche pourquoi il porte le prénom d'une femme.

Nous sommes en 1755. Le duc de Lorraine, Stanislas Leszczynski, qui fut aussi par deux fois roi de Pologne, reçoit dans son château. Malheureusement, son pâtissier a fait défection la veille. Une servante est donc chargée de préparer des desserts, le temps de trouver un nouveau pâtissier... Impressionnée par la tâche qui lui incombe, la jeune servante choisit de miser sur la sécurité. Elle confectionne alors quelque chose qu'elle sait bien faire même si c'est ordinaire : du beurre, des œufs, du sucre, du lait, de la farine, de la levure et une gousse de vanille... Stanislas et ses convives sont particulièrement charmés par ces petits gâteaux rainurés, comme s'ils avaient été moulés dans une coquille Saint-Jacques. Convoquée auprès de son maître après le succès de ces gourmandises, la jeune femme révèle l'origine familiale de la recette, transmise de génération en génération. Ses ancêtres habitaient à Commercy, un village par lequel passent les pèlerins de Saint-Jacques-de-Compostelle, d'où leur forme ! Et lorsqu'il s'enquiert du nom de ces délicieux petits gâteaux, Madeleine Paulmier, prise au dépourvu, donne son prénom : « Madeleine » !

L'histoire ne s'arrête pas là. Il se trouve en effet que Marie, la fille de Stanislas et épouse de Louis XV, trouva si bonnes les petites « madeleines » qu'elle participa à leur renommée à la cour. Elles furent ainsi popularisées, et ce n'est pas la renommée de l'œuvre de Proust, publiée entre 1913 et 1927, qui viendra mettre un terme à cet engouement !

Toutefois, un coup de tonnerre a récemment déchiré le ciel des amoureux de la gastronomie et de la littérature. À l'occasion de la publication de trois cahiers inédits de Proust, le grand public a découvert que le célèbre auteur avait hésité avant de choisir la madeleine pour le célèbre passage. Dans ses premiers brouillons, il s'agissait en réalité de miettes de pain grillé !

Mentor

Pourquoi ce personnage a-t-il inspiré le roman d'apprentissage ?

En rendant hommage à l'immense Charles Aznavour récemment parti à l'âge de 94 ans, Liza Minnelli disait : « Charles était mon mentor, mon ami, mon amour. » L'actrice et chanteuse américaine souligna ainsi le rôle de conseiller tout particulier qu'occupait Aznavour. Cette relation entre un mentor, réputé pour être sage et expérimenté, et un mentoré, encore en apprentissage, implique bien souvent une part d'amitié, voire d'intimité. Le mentor ne dit pas tout, il livre avec parcimonie les clés du savoir… Aujourd'hui, beaucoup d'entreprises reprennent ce concept pour mettre en place des binômes : un « ancien » est chargé de prodiguer des conseils et son expérience à un « junior ». Savent-elles qu'en prenant cette initiative, elles s'inscrivent directement dans l'héritage d'un mythe antique ?

Avant d'être un mot commun, Mentor est un personnage mythologique dont l'histoire a été reprise dans l'*Odyssée* d'Homère. Dans ce texte fondateur de la fin du VIIIe siècle avant notre ère, on découvre Ulysse, roi d'Ithaque, forcé de prendre les armes pour venger Ménélas dont l'épouse Hélène a été enlevée. Le roi d'Ithaque est profondément peiné de devoir quitter sa femme adorée Pénélope, et plus encore de laisser son jeune fils Télémaque. Ainsi confie-t-il le soin et l'éducation de ce dernier à son ami de longue date, dont il a d'ailleurs l'habitude de recevoir des conseils : Mentor. Le précepteur restera toujours fidèle à Ulysse. Et pour preuve, lorsque Pénélope reçoit des demandes en mariage de prétendants espérant s'installer sur le trône d'Ithaque, Mentor conseille à Télémaque de partir chercher son père afin qu'il défende son titre.

Cette histoire de fidélité et de sagesse a séduit un auteur français du XVIIe siècle, François de Salignac de La Mothe-Fénelon, plus connu sous le nom de Fénelon. Ce dernier reprend à son compte l'histoire de Mentor dans ses *Aventures de Télémaque*, comme beaucoup d'auteurs de son temps qui exhument et remettent au goût du jour les textes antiques. Ainsi dans ce roman publié en 1699 redécouvre-t-on Mentor qui guide pas à pas le fils d'Ulysse afin d'en faire un bon souverain…

Pourquoi Fénelon a-t-il été inspiré par ce récit ? La raison est bien sûr artistique, mais aussi et surtout pragmatique : il se trouve que Fénelon, écrivain et homme d'Église, était également… précepteur du petit-fils de Louis XIV, autrement dit son mentor ! Les *Aventures de Télémaque* peuvent donc être lues comme une parabole du rôle que joua Fénelon auprès de celui destiné à devenir roi de France ! Malheureusement, le petit-fils de France n'accédera jamais au trône en raison de sa mort précoce… Quoi qu'il en soit, les efforts du romancier n'auront pas été vains car cette histoire, destinée à l'origine à vanter ses propres mérites, aura servi à faire passer un terme employé non seulement dans la langue française, mais aussi anglaise, allemande, espagnole, italienne ou encore catalane !

Guillaume Le Bret

En quoi a-t-il bouleversé la typographie ?

Depuis quelques années, il n'est pas rare de voir une personne effectuer des signes particuliers lorsqu'elle parle. En recroquevillant ses index et majeurs de chaque main dans une coordination appliquée, elle affiche une prise de distance par rapport à ses propres paroles. En un mot, elle ponctue virtuellement et manuellement ses dires. D'aucuns trouvent cela agaçant, mais que vous en soyez adepte ou non, il est cocasse de remarquer comment une marque de ponctuation est parvenue à un niveau de reconnaissance sociale si important ! Ce signe, vous l'aurez reconnu, c'est le « guillemet », un terme aussi étrange que le geste à effectuer pour le représenter ! Et s'il peut nous faire penser au masculin de « Guillemette », c'est parce que ce signe de ponctuation aurait pris le surnom de son « inventeur », un certain Guillaume !

Dès l'Antiquité, les auteurs grecs détachaient typographiquement les citations de leur texte par des chevrons, <comme cela>, appelés *diplè*. En latin, c'est davantage la virgule qui sert de séparation. C'est d'ailleurs encore ainsi que nos amis d'outre-Manche nomment les guillemets : *inverted comma*, ou « virgule inversée » (voici à quoi elles "ressemblent"). On en trouve également l'usage au Moyen Âge, chez les moines copistes notamment, qui avaient grand soin de détacher clairement les paroles extraites de la Bible des autres écritures. Avec la naissance du guillemet le plagiat est mis à mal. Les vrais guillemets seraient apparus pour la première fois en 1527 chez Alde et Bade, dans un livre intitulé *Priscien*.

Qu'en est-il du Guillaume éponyme ? Remonter sa trace n'est pas chose aisée ! Pour commencer, l'imprimeur Guillaume avait des fils et des petits-fils tous prénommés comme lui et tous imprimeurs ! Et pour corser le tout, certains textes les présentent comme Guillaume « Le Bret » quand d'autres mentionnent « Le Bé ».

Originaire de Troyes, où il naît en 1525, Guillaume Le Bret (ou Le Bé) premier du nom est donc imprimeur et fabricant de papier. Il s'installe à Paris pour se former et travailler auprès de grands noms de la typographie. Citons le lexicographe Robert Estienne, qui donnera quelques siècles plus tard son nom à l'une des plus prestigieuses écoles d'arts graphiques de France, ou encore le graveur et imprimeur Claude Garamond, à qui l'on doit l'une des polices typographiques les plus utilisées aujourd'hui : le Garamond ! Toujours est-il que si ces maîtres se sont fait un nom, la lignée des Guillaume a, quant à elle, réussi à se faire un prénom. Au XVIIe siècle, les typographes et imprimeurs auraient en effet nommé les fameux guillemets d'après leur surnom ! Une forme d'« hommage » à cette dynastie d'imprimeurs et d'artisans du livre, donc. Les guillemets restent toutefois d'usage afin de mettre de la distance dans ce qui est écrit ici : personne n'est vraiment « certain » de la véritable origine du mot « guillemet » !

Sosie

Pourquoi un quiproquo a-t-il donné naissance à ce mot ?

Vous avez déjà fait cette expérience déroutante : vous marchez tranquillement dans la rue quand vous croisez une personne familière. Alors que vous vous apprêtez à lui lancer un chaleureux bonjour, vos regards se croisent mais elle passe à côté de vous mine de rien. Étrange… Surpris, vous réalisez alors que votre esprit vous a joué un tour : il s'agissait seulement de son sosie ! Cette expérience, un modeste serviteur d'Amphitryon, roi mythique de Tirynthe, en a fait les frais… Son nom ? Sosie !

Sosie est un personnage apparaissant sous les traits d'un esclave dans une pièce de théâtre écrite par Plaute, l'un des premiers auteurs latins des IIIe et IIe siècles av. J.-C. Lorsqu'il écrit sa nouvelle pièce, *Amphitryon*, en –187, le dramaturge est déjà célèbre dans le monde romain. L'histoire, inspirée d'un mythe thébain, comporte des ingrédients savoureux : des dieux, des héros, du romanesque, des quiproquos… L'auteur la définit lui-même comme une « tragicomédie », terme qu'il invente à cette occasion.

La pièce met en scène Amphitryon. Il vient d'épouser la fille du roi de Mycènes, Alcmène, qui se trouve également être sa nièce… Mais le mariage n'est pas encore consommé qu'Amphitryon doit déjà partir au combat et laisser seule son épouse. Or il se trouve que Jupiter est fortement attiré par la jeune femme. Pour la séduire, il met en place un stratagème dont lui seul a le secret : il prend l'apparence du roi et, pour parfaire sa ruse, demande à son fils Mercure qui l'accompagne de faire de même avec l'esclave d'Amphitryon, Sosie. Alcmène n'y voit que du feu et Jupiter parvient à ses fins. De cette union naîtra un certain Hercule. Lorsqu'il rentre, Amphitryon est furieux et tourne sa colère vers Sosie, son esclave, qui a été vu aux côtés du pernicieux Jupiter. Le quiproquo est total : le malheureux Sosie se démène pour convaincre son maître que ce n'était pas lui, mais un autre Sosie… quelqu'un ayant pris son apparence !

La pièce de Plaute rencontre un franc succès, mais s'évanouit avec le temps… avant de réapparaître au XVIIe siècle. En effet, l'Antiquité connaît un regain d'intérêt sous le règne de Louis XIV : on s'intéresse et on imite les auteurs antiques. Molière découvre ainsi Plaute et décide en 1668 de remettre au goût du jour l'histoire d'Amphitryon. Le véritable imbroglio naissant de la présence des deux Sosie ravit la cour ; la tragicomédie est jouée à de nombreuses reprises. Tout le monde s'amuse de la situation cocasse dans laquelle se trouve le pauvre Sosie, qui deviendra vite populaire.

Ironie du sort, le mot commun « sosie » désigne depuis le XVIIIe siècle non plus la vraie personne que l'on connaît, mais la personne qui ressemble à la personne que l'on connaît… Bref, un vrai casse-tête !

Étienne de Silhouette

Comment le nom d'un homme banni de l'histoire est-il passé à la postérité ?

Une forme furtive, éphémère, impossible à identifier, à peine peut-on en définir les contours. Juste une « silhouette ». Ce nom commun, à vrai dire, n'existe que depuis la fin du XVIIIe siècle, dû à la méchanceté de certains hommes qui souhaitaient se venger de M. de Silhouette. Voici son histoire.

Étienne de Silhouette est né en 1709 dans une famille aristocratique de Limoges, originaire d'Espagne. Après de brillantes études chez les pères jésuites, et comme bon nombre de jeunes gens de bonne famille à cette époque, il entame son grand tour d'Europe afin de parfaire sa culture, ses relations – on dirait aujourd'hui son « réseau » – et son sens de l'observation. C'est ainsi qu'il devient diplomate en Angleterre et… espion !

De retour en France, il fréquente les salons et la cour où il rayonne grâce à son intelligence. Il s'attire ainsi les faveurs de la marquise de Pompadour, favorite de Louis XV, qui le soutient pour le poste de chancelier de la maison d'Orléans. Il devient alors, en mars 1759, contrôleur général des finances – un ministre des Finances avant l'heure –, et c'est là que son histoire bascule…

Inventeur du concept de « révolution d'en haut », Silhouette souhaite soulager le peuple des impôts. Mais, suite à la guerre de Sept Ans qui opposa entre autres la France et l'archiduché d'Autriche aux royaumes de Grande-Bretagne et de Prusse, le pays est exsangue. Si rien n'est fait, c'est la banqueroute assurée. Silhouette entend alors mettre un terme aux privilèges de la noblesse et réquisitionner la majeure partie des bénéfices de la finance, tout en allégeant ou en supprimant les impôts des plus pauvres. Et il voit juste ! En seulement trois semaines, les caisses du royaume sont renflouées à hauteur de 72 millions de livres, soit près d'un quart du déficit de l'époque ! Voltaire applaudit ; le peuple de France compose des vers, de la prose et des chansons à la gloire du « bon père Silhouette ».

Mais tout cela n'est pas du goût des aristocrates et des financiers... Ces derniers lancent une véritable cabale à l'encontre du ministre. Étienne de Silhouette se retrouve la cible de railleries, et son nom, associé par l'élite à des mesures considérées comme tyranniques, mal construites et incomplètes, se transforme en un mot injurieux, synonyme de flou, d'approximation, de maladresse. C'est également ainsi qu'on se met à nommer un jeu répandu à la cour (et dont Silhouette lui-même est friand) consistant à découper des profils dans du papier noir.

Ainsi coalisées, l'aristocratie et les financiers décident d'aller plus loin. Ils réclament au roi non seulement de chasser ce ministre du pouvoir, mais que des mesures soient prises pour l'effacer de l'histoire de France.

Déchu, Silhouette se retire dans son château de Bry-sur-Marne jusqu'à sa mort en janvier 1767. Privé de couleurs, de visage, d'épaisseur et de postérité, l'ancien ministre se métamorphose lui-même en une... silhouette.

Pantalone

Pourquoi l'un des personnages de la commedia dell'arte a-t-il révolutionné la tenue vestimentaire ?

On les connaît par leur surnom un peu étrange : les « sans-culottes », ces révolutionnaires qui investissent la Bastille à Paris, se soulèvent dans les campagnes et finissent par faire tomber l'Ancien Régime. Signe distinctif ? Ces paysans ou ouvriers ne portent pas de culotte courte avec des bas, costume réservé à l'aristocratie, mais un vêtement bien plus pratique et plus simple : le pantalon ! Bien plus qu'un simple morceau de tissu, le pantalon a fait l'histoire de France. Et il a lui-même une histoire, à commencer par celle de son nom ! Alors pourquoi le pantalon s'appelle-t-il ainsi ?

Ce mot nous viendrait d'un personnage bouffon de la *commedia dell'arte* sorti tout droit de Venise, Pantalone, connu pour porter un bas long. Selon certains, il tirerait son nom de la *Pianta Leone* (« plante le lion »), en référence au lion emblème de Venise. D'autres sources l'attribuent plutôt à l'ancien saint patron de la ville Pantaleimon à qui une église a été dédiée. Quoi qu'il en soit, les Vénitiens lui restent très attachés. Dans la comédie, et ce depuis l'Antiquité, il est le personnage typique du vieil homme aussi riche qu'avare, aussi naïf que prétentieux, surnommé « le vieux » comme « le magnifique » : ainsi a-t-il ajouté une énorme braguette à sa tenue pour simuler une virilité, à vrai dire un peu passée… À l'instar de l'Harpagon de Molière, rien ne compte plus que son argent au point de lui sacrifier le bonheur de sa famille, en arrangeant par exemple le mariage de ses enfants. Lui-même amoureux transi et ridicule d'une jeunette, il est heureusement toujours dupé par son valet Arlequin ou Scapin. Le nom de ce personnage célèbre et populaire deviendra dès la fin du XVIIe siècle synonyme des culottes longues que nous portons tous aujourd'hui !

Toutefois, nous ne devons pas l'invention du pantalon à la *commedia dell'arte*. Il est évidemment bien plus ancien ! On en retrouve les traces dès l'Empire romain : les jupes que portent les soldats ne sont alors guère utiles face au froid glacial des forêts d'Europe du Nord… Lassés de grelotter sans cesse, ils finissent par adopter le vêtement chaud arboré par les barbares qu'ils combattent ! Réservés d'abord aux esclaves et aux paysans, les pantalons deviennent le vêtement révolutionnaire par excellence, au même titre que le bonnet phrygien. Ce vêtement sera repris par la haute société anglaise dans les années 1820 sous l'impulsion de « Beau Brummel », théoricien de l'élégance. Simple et austère, il signe la « grande renonciation masculine » : aux hommes l'austérité, aux femmes les couleurs et les ornements ! Ah ! les femmes justement… Elles n'ont le droit de porter un pantalon que si elles montent à cheval ou font un métier d'homme. La loi du 29 octobre 1793 avait bien rappelé en effet que le respect de la différenciation des sexes s'imposait, et ce malgré la société égalitaire que proposait la Révolution. Une loi dépassée me dites-vous ? En réalité, elle n'a été abolie qu'en février… 2013 !

Louis Pasteur

Comment a-t-il révolutionné la conservation des aliments ?

Fromage au lait cru ou fromage pasteurisé ? C'est souvent l'objet de discussions passionnées à table ou devant les étals du marché. Mais quel est ce mot étrange qui s'invite parfois à la fin de nos repas ? Il s'agit tout simplement d'une avancée remarquable en matière sanitaire que l'on doit à Louis Pasteur.

Bien que très tôt reconnu pour ses talents de peintre, Pasteur est fasciné par les cours de chimie qu'il suit en dilettante à la Sorbonne. Il décide d'embrasser une carrière scientifique. C'est ainsi que Louis Pasteur devient professeur agrégé de chimie et de physique. Après un passage aux facultés de sciences de Strasbourg et de Lille, il rejoint finalement Paris et l'École normale supérieure en 1857.

Très inspiré par les études du médecin hongrois Semmelweis sur les maladies infectieuses, Pasteur milite notamment pour une pratique encore peu répandue, le lavage des mains ! Vous avez bien lu ! À cette époque en effet, avoir les mains sales est synonyme d'expérience… Le problème, c'est que les étudiants en médecine dissèquent des cadavres le matin en cours d'anatomie, avant d'aller ausculter des femmes enceintes avec leurs mains marquées par l'« expérience » pour leurs cours d'obstétrique (une spécialité qui vient de naître)… C'est l'hécatombe. Semmelweis prouve que les responsables de cette mortalité sont des « petites choses » transmises par les mains sales des médecins. Et ce sont précisément ces petites choses qui intéresseront Pasteur, une dizaine d'années plus tard.

Vers la fin des années 1850, lors de vacances à Arbois, en Bourgogne, ses amis vignerons posent une colle à Pasteur : pourquoi leur si bon vin tourne-t-il parfois au vinaigre avec le temps, devenant impropre à la consommation ? Pasteur s'enferme dans son laboratoire et remarque à l'aide de son microscope que de « petites choses » sont responsables de la transformation du raisin en vin puis en vinaigre, tout comme le lait se change en fromage avant de pourrir. Le scientifique chauffe ces micro-organismes à une certaine température, ce qui permet d'en faire disparaître quelques-uns. Il développe cette méthode qu'il dépose sous le nom de « pasteurisation » en 1865. Poursuivant ses études, il découvre de nombreuses bactéries et décide de se consacrer à la lutte contre les infections, particulièrement au procédé de vaccination. Mais c'est la rage qui concentre toute son attention. Il expérimente ses premiers vaccins sur les chiens. Après avoir guéri le petit Joseph Meister, mordu par un chien enragé, alors que tout le monde le donnait pour perdu, il réclame la création d'un « établissement vaccinal contre la rage ». En 1888 est ainsi créé le premier institut Pasteur, fondation aujourd'hui présente sur les cinq continents.

Lorsqu'il décède en 1895, le scientifique est enterré dans la cave de son laboratoire, après avoir eu droit, comme Victor Hugo dix ans plus tôt, à des obsèques nationales. « Ni médecin ni chirurgien, mais nul n'a fait pour la médecine et la chirurgie autant que lui », déclarera le grand médecin Henri Mondor.

Joseph Pulitzer

Comment un Hongrois a-t-il créé le prix américain le plus prestigieux ?

Quel rapport peut-il bien y avoir entre l'écrivain Ernest Hemingway, le rappeur américain Kendrick Lamar et le 35e président des États-Unis John Fitzgerald Kennedy ? Ils sont tous américains certes, mais comme des centaines de millions de personnes sur cette planète. La réponse ? Ils ont tous été couronnés par le prix Pulitzer ! Quel est donc ce prix qui récompense des personnes aux talents si différents ? On le doit à un certain Joseph Pulitzer, ni rappeur ni président, mais journaliste d'investigation de renom.

La vie ne semblait pourtant pas prédestiner ce Hongrois à une telle carrière. Celui qui s'appelle encore Józef Politzer rêve d'être soldat. En 1854, âgé de 17 ans, il tente successivement de s'engager dans l'armée autrichienne, dans celle de Napoléon III, puis dans les troupes britanniques. Le jeune homme est à chaque fois réformé en raison de sa frêle constitution. C'est alors que Politzer s'embarque pour les États-Unis, où il sert dans les forces unionistes lors de la guerre de Sécession. Après la guerre, le jeune Jozef s'installe à Saint-Louis, dans le Missouri, où il survit grâce à différents petits travaux. Un jour, il est victime d'une arnaque qui va changer sa vie : un homme lui promet un emploi dans une plantation dont il ne verra jamais la couleur. S'apercevant qu'il n'est pas le seul à avoir été roulé dans la farine, le jeune Pulitzer – son nom s'est américanisé entre-temps – prend la plume et fait le récit de sa mésaventure, qui sera publié dans un journal local germanophone, le *Westliche Post.* Très vite remarqué par son style, le jeune immigré trouve un poste de journaliste au sein de la rédaction du *Westliche Post.*

Pulitzer se forge une réputation de journaliste sérieux et infatigable. Le modeste immigrant hongrois se transforme en quelques années en un citoyen américain influent, maîtrisant parfaitement la langue de son pays d'adoption et fréquentant l'élite. Il épouse Kate Davis, une Américaine de bonne famille, puis devient actionnaire. C'est ainsi que commence sa carrière de riche propriétaire de journaux : patron du *Saint Louis Post Dispatch* d'abord, puis du *New York World,* qui s'avère être le journal le plus lu du pays, connu pour dévoiler de nombreuses affaires de corruption.

Rattrapé par sa santé fragile, il est contraint de quitter ses fonctions en 1890, à l'âge de 43 ans. L'homme autrefois très actif, désormais quasiment aveugle, sombre dans la dépression et développe une sensibilité extrême au bruit. Il vit de plus en plus reclus, passant une grande partie de son temps sur son yacht jusqu'à sa mort en 1911.

Il ne s'arrête pourtant pas là. N'oubliant pas que c'est la dénonciation – écrite avec style – d'un abus dont il a été victime qui a changé sa vie, Pulitzer fonde un prix destiné à stimuler la création dans des domaines aussi variés que la littérature, le théâtre ou l'éducation, mais surtout le journalisme d'investigation, afin d'« exposer les sales coups au grand jour ». Vœux entendus puisque le prix a récompensé des journalistes ayant travaillé sur les plus grandes affaires de notre temps comme le Watergate ou l'affaire Snowden.

Jack Daniel

Pourquoi cette boisson est-elle devenue iconique ?

Il est à l'Ouest américain ce que le rhum est aux pirates. Avec le chapeau à larges bords et le colt, le whisky est un incontournable de la panoplie du cowboy. Pour découvrir l'histoire de cette boisson mythique, il faut revenir à la fin du XIXe siècle et pousser les portes battantes d'un saloon où se tient un homme en veste de soie. Cet homme, c'est Jack Daniel. Il est le créateur du célèbre whisky qui porte son nom. Adulé par les uns, conspué par les autres, ce breuvage est surtout le bourbon le plus populaire au monde. Quels sont ses secrets ?

Après avoir appris le processus de la fabrication du whisky chez un voisin, Jack Daniel ouvre à 16 ans la première distillerie enregistrée aux États-Unis. Nous sommes en 1866 dans le Tennessee, une boisson de légende vient de naître. Comme l'affirme le slogan « Ce n'est pas un whisky, ce n'est pas un bourbon, c'est un Jack », le Jack Daniel's est en effet particulier. Il n'est ni élaboré ni distillé en Écosse – ce n'est donc pas un scotch –, et si sa composition est la même que celle du bourbon américain, il en diffère par un procédé pour le moins original... Avant d'être vieilli deux ans dans des fûts de chêne neufs dont l'intérieur a été préalablement brûlé, le liquide est filtré à travers une couche de trois mètres de charbon d'érable, fabriqué sur place à la distillerie. Il fallait y penser ! C'est grâce à ce procédé inventif, réalisé au goutte à goutte, que le Jack's affiche un goût si sucré, une onctuosité et une couleur si caractéristiques. Ce n'est pas un secret mais une tradition existant depuis les origines du bourbon dans ce coin du Tennessee, perdue car trop coûteuse…

Des mystères subsistent en revanche autour du Jack Daniel's. Non pas pour le whisky en lui-même… mais pour sa bouteille ! Deux choses devenues iconiques intriguent : sa forme carrée et le N° 7 sur l'étiquette. Sur ce dernier point, les interprétations vont bon train : certains avancent comme explication le nombre de relations amoureuses de Daniel, d'autres évoquent un banal numéro sur un baril. Le plus vraisemblable serait que la recette définitive est la septième des essais effectués pendant son élaboration !

Quant à Jack Daniel, il finira d'une façon bien saugrenue. Un matin de 1906, en arrivant à son bureau plus tôt que d'habitude, sans doute un peu endormi encore, il tente d'ouvrir le coffre-fort dont il a oublié la combinaison. Il s'énerve et donne un violent coup de pied dans la porte de fonte. Une impétuosité qu'il paiera cher puisque son pied s'infecte et la gangrène l'emporte en 1911.

Encore une gorgée ? Sachez que si vous voulez vous rendre à la distillerie de Jack Daniel, à Lynchburg, vous ne pourrez acheter que la bouteille, le bourbon sera offert. En effet, dans le comté de Moore, la prohibition n'est toujours pas abolie et il y est interdit de vendre de l'alcool. Un paradoxe bien américain !

Les frères Goncourt

Comment deux écrivains sans succès ont-ils créé le plus prestigieux prix littéraire ?

Chaque année, entre septembre et novembre, une horde de journalistes se presse autour d'une table du célèbre restaurant Drouant, dans le 2e arrondissement de Paris. Assaillie de questions et de flashes, la personne au centre de leur attention reste coïte, sous le choc, envisageant sa nouvelle vie qui se profile. Elle vient de remporter le prestigieux prix Goncourt. Nul doute qu'en ce moment, l'heureux écrivain a une pensée pour deux personnes sans qui tous ces honneurs n'auraient pas été possibles : les frères Goncourt. Car avant l'académie et le prix Goncourt, il y eut les frères du même nom.

Tenant salon chaque dimanche après-midi dans leur hôtel particulier d'Auteuil, les inséparables frères accueillent les écrivains à la mode : Gustave Flaubert, Théophile Gautier ou encore Guy de Maupassant. Et tous les soirs, ils s'astreignent à relater les derniers – et les pires – potins de la haute société. Odieux personnages, on leur doit des aphorismes misogynes et antisémites de nos jours impensables, comme : « Le génie est mâle », « La femme : la plus belle et la plus admirable des pondeuses et des machines à fécondation ». Charmant.

En matière de littérature, on dirait aujourd'hui qu'ils « ont leurs têtes » : si Chateaubriand et Alphonse Daudet trouvent grâce à leurs yeux, ils détestent Baudelaire (qu'ils traitent de « mouche à merde ») et Mallarmé. Edmond et Jules Goncourt se rêvent aussi romanciers naturalistes et accusent Émile Zola de s'être largement inspiré de leur *Germinie Lacerteux* pour *L'Œuvre*, jaloux du succès de *L'Assommoir*.

Jules meurt prématurément de la syphilis. Les femmes lui auront sûrement rendu au centuple l'amour pour le moins spécial qu'il leur témoignait. « Veuf de son frère », Edmond consigne dans son testament la volonté de voir naître une « académie Goncourt », idée qu'il a eue avec Jules afin de « forcer les portes de la gloire ». Tout est dit.

La première réunion des membres de l'académie, parmi lesquels on compte Huysmans et Octave Mirbeau, a lieu six ans après la mort d'Edmond, le 26 février 1903. Le premier lauréat de ce nouveau prix décerné à Jean-Antoine Nau pour « un ouvrage d'imagination en prose paru dans l'année » reçoit 5 000 anciens francs. Si la somme est importante pour l'époque, rien n'a été prévu pour indexer cette dotation sur l'inflation… Résultat, elle n'équivaut aujourd'hui qu'à 10 euros ! Étonnamment peu pour le prix le plus ancien et le plus prestigieux de France !

Pour la petite histoire, la seule personne à avoir reçu le prix Goncourt à deux reprises (ce qui est normalement interdit par le règlement) est Romain Gary. Lauréat en 1956 pour *Les Racines du ciel*, l'écrivain réitère dix-neuf ans plus tard avec *La Vie devant soi*, publié sous le pseudonyme d'« Émile Ajar ». Il envoie même son « neveu » accepter le prix à sa place afin de ne pas être démasqué. Ce n'est qu'à sa mort que le monde découvrira la supercherie !

Auguste Escoffier

Comment ce cuisinier a-t-il érigé
la gastronomie française en véritable savoir-faire ?

S'il y a bien une chose que le monde entier nous envie, c'est notre gastronomie. Entrée récemment dans la liste du patrimoine mondial immatériel de l'Unesco, celle qui fait notre fierté nationale n'aurait jamais été la même sans un homme : Auguste Escoffier. Les crêpes Suzette ? C'est lui. La pêche Melba ? Encore lui. Et il n'a pas seulement révolutionné les cartes de nos desserts ! De ses nombreux ouvrages traduits dans plusieurs langues où il développe ses théories novatrices, au bouleversement de l'organisation des cuisines des grands restaurants, la liste de l'héritage d'Escoffier est longue comme un chemin de table !

Entre une grand-mère cordon-bleu, des oncles et tantes dirigeants de restaurants, le choix n'est pas permis : le petit Auguste Escoffier qui se rêve sculpteur est placé très tôt en apprentissage dans le restaurant d'un de ses proches. C'est là qu'il prend goût à la cuisine. Après avoir été employé puis directeur de grandes maisons parisiennes, il rencontre en 1883 un homme dont la simple évocation fait surgir en chacun des images d'excellence : César Ritz. Ensemble, ils développent un concept novateur : combiner un hôtel de grand luxe avec un restaurant de prestige. Les palaces sont nés ! La salle à manger du Ritz, du Carlton à Paris ou encore du Savoy à Londres, où Escoffier officie, deviennent très vite des endroits où l'on se montre. Le restaurant devient une scène sur laquelle on exhibe ses parures. Les célébrités du monde entier s'y pressent, du prince de Galles à Nellie Melba en passant par Sarah Bernhardt, auxquelles Escoffier dédicacera de nombreux mets, contribuant ainsi à la renommée internationale de la cuisine à la française. Mais la gastronomie, ce n'est pas simplement ce que l'on voit et ce que l'on goûte. L'exigeant Auguste Escoffier veut que cet envers du décor soit tout aussi impeccable que les plats qu'il sert : le chef azuréen est réputé pour être méticuleux, et surtout… propre, ce qui n'était pas chose courante à l'époque !

Mobilisé durant la guerre de 1870, Escoffier devient chef de l'état-major de l'armée du Rhin. De cette expérience militaire, il développera un concept aujourd'hui à la base de l'organisation de toutes les cuisines du monde : la brigade, équipe de cuisiniers au sein de laquelle, comme à l'armée, chacun est à son poste ! Sous l'uniforme, il apprend également à ne pas gâcher la nourriture, ce qui lui donnera l'idée de redistribuer les denrées non consommées aux bonnes œuvres. Philanthrope, Escoffier est aussi un diététicien avant l'heure : « Pour bien se porter, il faut tout d'abord ne manger que des mets légers et très faciles à digérer. »

Enfin, celui que l'empereur d'Allemagne Guillaume II surnomme lui-même « empereur des chefs » n'en a pas pour autant oublié d'être populaire : il est en effet le premier chef cuisinier à s'associer à l'industrie agroalimentaire pour créer avec Julius Maggi le fameux bouillon en cube !

William Cadogan

Comment un chef militaire a-t-il donné son nom à une coiffure ?

Aujourd'hui unisexe, la coiffure en catogan, popularisée notamment par le regretté styliste Karl Lagerfeld, a longtemps été l'apanage des hommes. Elle est l'une des seules coiffures pour cheveux longs à être typiquement masculine avec le chignon des samouraïs. Comme ce chignon asiatique, le catogan n'a pas été créé pour le style mais pour des raisons plus pragmatiques : une question de vie ou de mort. Afin de comprendre pourquoi cette queue-de-cheval accessoirisée d'un ruban a une telle importance et porte le nom de « catogan », il faut faire la connaissance d'un grand chef militaire britannique du début du XVIIIe siècle.

William, premier comte de Cadogan, commence sa carrière militaire dans le régiment des Royal Irish Lancers avant de devenir le bras droit de John Churchill, duc de Marlborough – celui pour lequel les Français, croyant qu'il avait été vaincu, créeront la désormais célèbre chanson « Marlborough s'en va-t-en guerre ». À la tête d'un régiment de cavaliers appelés « cavaliers de Cadogan » durant la campagne de 1701 dès le début de la guerre de Succession d'Espagne, il est élevé au grade de colonel. Il est de toutes les campagnes dans les Provinces-Unies (les Pays-Bas) alors aux mains des

Espagnols et se retrouve plusieurs fois blessé. Cadogan est non seulement remarqué par ses qualités militaires, mais aussi pour la façon spéciale qu'il a de nouer ses cheveux. Afin de ne pas être gêné au combat, il ramasse sa longue chevelure en un chignon bas sur la nuque, qu'il agrémente d'un foulard. En plus d'être élégante et pratique, cette coiffure aurait un avantage loin d'être négligeable, celui de le protéger dans l'éventualité d'un coup d'épée sur la nuque ! Ses soldats adoptent vite le style de leur chef militaire.

Cette coiffure qui, – on l'aura compris – est loin d'être une coquetterie, ne prémunit pas Cadogan contre les coups bas… Écarté par la reine Anne d'Angleterre pour des raisons politiques, notre comte entre en disgrâce en 1711, perdant dès lors tous ses titres, grades et pensions. Il devra attendre l'accession au trône de George Ier pour retrouver la place qui fut la sienne et entamer une carrière diplomatique qui le fait connaître dans toute l'Europe. Cadogan meurt en 1726, laissant la réputation d'un chef bon avec ses hommes. Respecté par ses soldats et domestiques, ceux-ci reprennent et diffusent largement le *cadogan*. Cette coiffure que l'on appelle « catogan » en français dès la seconde moitié du XVIIIe sera ensuite récupérée par les nobles. En perdition au cours des siècles derniers, l'usage du catogan fait désormais son retour sur les podiums et dans les magazines. Alors tous à vos foulards !

François d'Aix de La Chaize

Pourquoi le plus célèbre cimetière parisien porte-t-il ce nom ?

Probablement le cimetière le plus connu au monde, le Père-Lachaise est également le plus visité de France : chaque année plus de trois millions de personnes s'y promènent et surtout se recueillent sur les tombes de Jim Morrison, Édith Piaf, Oscar Wilde ou encore Marcel Proust. Évidemment, on peut imaginer que la première personne inhumée était un dénommé « père Lachaise » ou « La Chaise », qui aurait ensuite donné son nom au cimetière… Détrompez-vous, il n'en est rien !

François d'Aix de La Chaize, originaire de la Loire, occupe une position aussi particulière que prestigieuse : ce père jésuite est le confesseur de Louis XIV ! C'est au XIIe siècle que l'évêque de Paris installe des vignes sur une colline située au nord-est de Paris. Nanties d'un pavillon de campagne cossu, les pentes arborées se transforment en lieu de convalescence pour les religieux, prenant par la suite le nom de « mont Louis ». Le roi en effet y trouva refuge quelques heures au moment de la Fronde. Le père de La Chaize, qui se retire souvent dans ce domaine et y donne de nombreuses fêtes, contribue à son embellissement jusqu'à sa mort, en 1709. En 1762, en proie à des difficultés financières liées à la perte de leur influence au sein de la monarchie, les jésuites sont contraints de céder le mont Louis, alors livré à l'abandon pendant des décennies. Jusqu'au jour où le pouvoir prend conscience d'un problème : la population augmentant, les cimetières situés à l'intérieur des murs de Paris représentent un véritable problème sanitaire. Dans celui dit des Innocents par exemple, les ménagères y étendent leur linge, et il n'est pas rare de voir des cochons déterrer des cadavres inhumés sous l'action des fortes pluies !

La décision est prise : les cimetières doivent être déplacés hors de la ville. Et justement, outre les anciennes carrières de craie souterraines qui deviendront les catacombes, la Ville de Paris dispose d'un magnifique terrain arboré… Lorsqu'il est créé en 1804 sur l'ancien mont Louis, le cimetière de l'Est (c'est son nom officiel) est tout sauf populaire : les Parisiens refusent de se faire enterrer loin de leur paroisse. Afin de rendre le lieu plus attractif, on décide d'y installer des morts célèbres. Louise de Lorraine, épouse d'Henri III, y est donc transférée. Le message est clair : si le cimetière est assez bien pour l'épouse d'un roi de France, pourquoi ne le serait-il pas pour vous ? C'est ainsi qu'en 1817 Molière et La Fontaine y font leur entrée, posthume bien sûr ! La renommée du lieu est dès lors assurée. Mais Paris ayant la mémoire vive, personne n'a oublié qu'avant de se peupler de tombes, ce domaine était autrefois la propriété d'un père La Chaize ! C'est ainsi que le cimetière de l'Est est surnommé « Père-Lachaise ».

S'il vous sera impossible de trouver la tombe du jésuite dans les allées de la nécropole (et pour cause, il est inhumé dans l'actuelle église Saint-Paul-Saint-Louis), pensez à ceci : parmi les 6 000 arbres qui ombragent votre promenade, certains ont été plantés par le confesseur du Roi-Soleil !

Alfred Nobel

Comment l'inventeur de la dynamite a-t-il créé le prix Nobel ?

Si je vous disais que le créateur du prix récompensant chaque année les bienfaiteurs de l'humanité était également celui de la dynamite ? Alors, philanthrope ou pourvoyeur de mort ? C'est justement l'ambivalence qui rongeait le plus connu des Suédois : Alfred Nobel !

Dès sa naissance en 1833, la vie confronte Alfred Nobel aux défis : sa famille doit faire face à des difficultés quand l'entreprise de son père fait faillite. Les Nobel décident de s'installer à Saint-Pétersbourg. Ce déménagement ne sera pas sans conséquences sur la vie d'Alfred et donc pour la suite de notre histoire…

Dans la capitale impériale, le père Immanuel Nobel monte un atelier de mécanique et travaille avec l'armée. Il convainc le tsar de l'utilité des mines navales pour assurer la défense des ports russes. Immanuel avait vu juste : son invention sera déterminante dans la guerre de Crimée contre les Anglais. La famille Nobel s'enrichit, autorisant ainsi Alfred à fréquenter les meilleurs établissements pétersbourgeois. Il parle couramment le russe et le suédois, évidemment, mais aussi le français, l'anglais et l'allemand ! Un vrai petit élève modèle. Son père décide alors de l'envoyer en Europe et aux États-Unis pour qu'il se perfectionne en chimie et en métallurgie, afin d'être apte à reprendre la lucrative affaire familiale. Ainsi, au gré de son tour du monde, Alfred rencontre l'inventeur de la nitroglycérine en Italie, Ascanio Sobrero, celui de l'hélice aux États-Unis, John Ericsson… Après quelques années passées à l'étranger, il rentre à la maison, avec pour projet de reprendre la fabrique de son père. Mais la guerre touche à sa fin et c'est à nouveau la banqueroute pour les Nobel, qui s'en retournent en Suède.

À partir de là, Alfred s'attelle à développer l'usage de la nitroglycérine, en lui adjoignant divers produits pour la rendre moins dangereuse, traumatisé par une tragédie : la mort de son frère cadet et de quatre collaborateurs, tués dans une explosion au sein de l'usine Nobel. Une horreur qui ne l'empêche toutefois pas de vouloir continuer de fabriquer des explosifs ! En 1867, en effet, il fait breveter son invention sous le nom de « poudre dynamite », du grec *dunamis*, « puissance ». L'heure est aux creusements de tunnels et aux percements de canaux, comme celui de Suez, et le marché de la dynamite explose ! Grâce à son invention, Nobel devient l'un des hommes les plus riches de la planète.

Marqué par les mouvements pacifistes et féru de belles lettres, il entretient notamment une relation épistolaire avec Victor Hugo. Contre les critiques qui font de lui un « marchand de mort », il lègue dans son testament sa fortune à des comités chargés de récompenser les bienfaiteurs de l'humanité : ce sera le prix Nobel. Si le plus prestigieux prix de la planète est remis depuis près de 120 ans dans toutes les catégories (physique, chimie, médecine, paix et littérature), une semble cruellement absente : les mathématiques. La légende raconte que la femme qu'il aimait le trompait avec un mathématicien, ce qui pourrait expliquer bien des choses… D'autres avancent une explication moins sentimentale : un prestigieux prix existait déjà pour les mathématiques en Suède.

Anne de Bretagne

Savez-vous pourquoi elle a bouleversé les couleurs du deuil ?

Anne de Bretagne s'avéra être une pionnière de bien des façons. Célèbre pour avoir été la seule femme à être couronnée reine de France à deux reprises, elle est également à l'origine d'une coutume que nous continuons de perpétuer sans le savoir.

Fille et héritière du duc de Bretagne, Anne épouse le roi de France Charles VIII en 1491 à l'âge de 14 ans. La jeune femme multiplie les grossesses mais, malheureusement, aucun enfant du couple ne survit. La reine de France porte donc très souvent le deuil à la cour. Le samedi 7 avril 1498, elle et le roi décident d'aller voir une partie de jeu de paume. Pour se rendre au fossé où l'on y joue, le couple royal traverse une galerie dont la porte est basse. Le roi n'ayant pris soin de baisser la tête, son front frappe violemment le linteau. Pris de nausées, Charles VIII décède quelques heures plus tard, à l'âge de 27 ans. Lors de l'enterrement de son époux, Anne surprend la cour par la fantaisie de sa tenue : elle est intégralement vêtue de noir.

La tradition voulait que le deuil fût illustré par la couleur blanche pour les femmes, et ce dès l'Antiquité ! Cependant, depuis quelques années, la couleur noire commence à se faire une place dans les cours aristocratiques et royales, notamment en Bourgogne, en Italie et chez les Habsbourg. Si le noir nous évoque aujourd'hui les ténèbres, l'austérité et la sévérité, cette couleur est à l'époque associée à la noblesse et à la richesse. La teinture des tissus et des étoffes coûte en effet extrêmement cher car le procédé pour fixer les pigments n'est pas facile à maîtriser. On se retrouve plus facilement avec un tissu marron que d'un beau noir de geais, ce qui n'est pas du même effet. Contre toute attente et contrairement à la coutume, Anne de Bretagne adopte un habit d'un noir profond et donc d'une grande valeur pour honorer son mari tant aimé.

Avec cet accident somme toute idiot s'éteint la ligne directe des Valois, Charles VIII n'ayant pas de descendance. La couronne échoit à Louis XII, cousin de Charles VIII, qui épousera lui aussi Anne de Bretagne. En 1514, la reine s'éteint à l'âge de 34 ans, épuisée. Sa vie aura été sacrifiée sur l'autel de la politique : mariée à deux rois, elle aura mis au monde plus de douze enfants, presque tous décédés prématurément. À sa mort, Louis XII brise lui aussi les conventions : alors que la tradition veut que les rois s'habillent en mauve à la mort de leur femme, il décide en hommage d'arborer une tenue noire. Marie Stuart et Louise de Lorraine, les épouses de François II et Henri III, seront les dernières « reines blanches » de France. Catherine de Médicis adopte la couleur noire d'Anne de Bretagne et la noblesse suit.

L'héritière la plus connue d'Anne de Bretagne est sans nul doute Louise de Lorraine, « la veuve inconsolable », épouse d'Henri III. Celle qui, désespérée par la mort de son mari, décida de s'enfermer dans sa chambre du château de Chenonceau, après l'avoir fait entièrement tapisser de noir, et dont elle ne sortira presque plus jusqu'à sa mort, douze ans plus tard !

Dwight F. Davis

Pourquoi cet homme politique a-t-il créé l'une des plus célèbres compétitions de tennis ?

Le 28 novembre 1945, les rédactions de journaux du monde entier reçoivent une dépêche : « Dwight F. Davis est décédé à son domicile de Washington D.C., à l'âge de 66 ans, après un combat de plusieurs mois contre la maladie. » Même si elle peut paraître anodine pour certains quand le monde sort du conflit le plus dévastateur de son histoire, la nouvelle émeut une partie de la planète tennis. Ce Davis est un personnage bien connu des amateurs de la raquette, fondateur d'une des compétitions les plus célèbres et qui prendra bientôt son nom : la Coupe Davis. Mais comment cet Américain, secrétaire à la Guerre dans la seconde moitié des années 1920 puis gouverneur des Philippines sous la présidence Hoover, est-il entré dans la légende du tennis ?

Avant de se lancer dans la politique, Dwight Filley Davis est avant tout un joueur de tennis, et de première catégorie ! Pendant ses années universitaires, il se classe en effet quatre années consécutives, de 1898 à 1901, dans le top 10 américain. En double, il remporte également trois fois de suite les championnats nationaux des États-Unis. À tout juste 20 ans, Davis, alors étudiant à Harvard, effectue avec ses camarades Holcombe Ward, Malcolm Whitman et Beals

Wright une tournée en Californie dans le but de promouvoir leur sport, encore tout récent. C'est au cours de ce voyage que Dwight Davis a l'idée de proposer un concept au fondateur de la Fédération américaine de tennis : mettre sur pied une compétition internationale opposant les États-Unis et l'Angleterre. L'International Lawn Tennis Challenge Trophy est ainsi créé. Afin de symboliser l'enjeu, Davis fait réaliser un saladier en argent de six kilos et de trente-trois centimètres ainsi qu'un plateau d'une valeur de 1 000 dollars. Avec un tel trophée, la compétition peut commencer ! Le 10 août 1900, l'équipe américaine emmenée par Davis et Ward bat les Britanniques 3-0 au Longwood Cricket Club de Boston. La compétition s'ouvre à d'autres équipes dès 1904 pour se transformer en tournoi international avec plus d'une centaine de nations. En 1927, une équipe se révèle : les Français brillent en remportant pour la première fois l'International Lawn Tennis. Ils réitèreront l'expérience quatre fois de suite ! Les fameux « Mousquetaires », comme on les surnomme alors, deviennent célèbres dans le monde entier, et contribuent à rendre encore plus populaire ce sport marqué par ses origines aristocratiques.

S'imposant dans le monde du tennis, le tournoi est considéré comme la plus prestigieuse compétition internationale masculine. Toutefois, après une période d'interruption causée par la guerre, il a besoin d'un nouveau souffle… Changer le trophée ? Impossible, le saladier d'argent est bien trop lié à la compétition ! Les organisateurs décident de rendre hommage à feu Davis en l'associant à jamais au tournoi qu'il a créé : l'International Lawn Tennis Challenge Trophy est mort, vive la Coupe Davis ! Quant au saladier, il est désormais posé sur quatre plateformes afin de pouvoir y inscrire le nom de tous les gagnants. Vous aussi vous rêvez d'y inscrire le vôtre ? Alors à vos raquettes !

John Montagu, comte de Sandwich

Pourquoi ce comte est-il devenu si populaire ?

Diplomate et amiral britannique de la flotte du roi de Grande-Bretagne George III, John Montagu est également un ardent joueur de cartes. Un jour de 1762, alors qu'il dispute une partie de cartes interminable, il est pris d'une fringale. Ne souhaitant toutefois pas arrêter le jeu, il demande à ce qu'on lui serve quelque chose de simple à manger. Sur le plateau d'argent que son domestique lui apporte, il découvre une tranche de viande et un bout de fromage pris entre deux tranches de pain. Vous avez bien lu, notre amiral, héritier d'une grande famille, va se délecter de ce qui ressemble grandement à un « sandwich », encas on ne peut plus populaire ! Mais quel est le rapport entre ce noble qui vécut au XVIIIe siècle et notre traditionnel jambon-beurre avalé en sortant du bureau, en grimpant dans un train ou étendu sur une nappe de pique-nique en famille ?

Il se trouve que John Montagu dispose d'un titre nobiliaire associé à une petite bourgade située dans le comté de Kent, dans le sud-est de l'Angleterre, la ville de… Sandwich. Anciennement pourvue d'un port, elle constitua un lieu stratégique au Moyen Âge, notamment pendant la guerre de Cent Ans, qui opposa entre 1337 et 1443 le royaume de France au royaume d'Angleterre. En vieil anglais, *Sandwicæ* veut d'ailleurs dire « port sur le sable ». En 1660, la Chambre des lords intègre un nouveau membre, Édouard Montagu, premier comte de Sandwich. L'amiral qui mord maintenant à pleines dents dans son pain fourré de viande tout en abattant ses cartes est donc comte de Sandwich, quatrième du nom !

Pour certains, l'anecdote du jeu de cartes ne tient pas, puisque le comte avait de nombreuses responsabilités politiques qui ne lui laissaient pas le temps de s'adonner à sa passion. Peu importe : que la première apparition du sandwich auprès du comte ait eu lieu autour d'une table de jeu ou à son bureau, il semble qu'il ait pris goût à se faire servir cette collation gourmande. Cet encas d'une simplicité absolue est du vivant de John Montagu si associée à ce dernier qu'il prend rapidement son nom. Il faut moins de trente ans pour que ce terme traverse la Manche pour se retrouver dans nos dictionnaires. Ce n'est pourtant pas le seul nom que le comte de Sandwich ait laissé dans notre vocabulaire… Pendant ses fonctions politiques, John Montagu parraina en effet les expéditions de James Cook qui fit trois tours du monde, devenant le premier navigateur attesté à circonscrire l'Antarctique. En l'honneur de son bienfaiteur, l'explorateur donna le nom de notre gourmand amiral à un archipel qu'il croisa : les îles Sandwich. Et ces îles, vous les connaissez : il s'agit aujourd'hui d'Hawaï, le cinquantième et dernier État intégré aux États-Unis, le 21 août 1959 – soit deux ans à peine avant la naissance, dans sa capitale, de Barack Obama !

L'histoire, en revanche, ne dit pas si le comte de Sandwich a gagné sa fameuse partie de cartes ou s'il a mordu… la poussière.

Dom Pérignon

Pourquoi un moine a-t-il donné son nom à un champagne ?

Si Dom Pérignon est depuis 1921 une cuvée renommée de Moët & Chandon, l'une des maisons de champagne les plus réputées au monde, le moine bénédictin qui lui a donné son nom est, quant à lui, beaucoup moins connu. Pourquoi une maison productrice de champagne a-t-elle décidé d'associer sa boisson, synonyme de fête et de luxe, au patronyme d'un moine voué à Dieu qui choisit de vivre dans la pauvreté, l'ascèse et l'humilité ?

Avant l'arrivée de Dom Pérignon, la Champagne est une région déjà reconnue pour son vin : sur ses terres poussent en effet de nombreux vignobles, et ce depuis l'Antiquité. Au fil des siècles, ce vin acquiert une immense popularité, et il n'est pas rare d'en retrouver des bouteilles sur les tables des cours royales. Pour le moment, le vin champenois est « tranquille » : ses célèbres bulles ne le font pas encore pétiller. Il faudra pour cela attendre Dom Pérignon.

Lorsqu'en 1668 le moine Pierre Pérignon pose ses valises dans sa chambre de l'abbaye d'Hautvillers, il découvre que tout est à refaire : non seulement les finances de l'abbaye sont déplorables, mais les bâtiments sont en si mauvais état qu'ils menacent de s'écrouler ! Plein d'enthousiasme et aidé par ses frères, Pierre retrousse ses manches et se met au travail. Et l'on peut dire que le moine va surpasser les attentes de sa congrégation ! Les biens de l'abbaye dont il a la charge sont en grande partie constitués de vignes et de pressoirs. Cela tombe bien, car la vigne n'est pas étrangère au moine bénédictin, dont le père et les oncles possédaient des vignobles. Très vite, il se prend de passion pour le vin dont il améliore la production, de la taille jusqu'aux tries des grappes en passant par les vendanges. En véritable œnologue, il marie différents raisins pour créer des accords nouveaux. C'est aussi à lui que l'on doit l'introduction de l'usage des bouteilles en verre en Champenois. Ainsi, Pierre Pérignon, à qui l'on a donné le titre monastique de « dom », redresse peu à peu les finances de l'abbaye. Et l'exploit ne s'arrête pas là.

La légende raconte qu'au cours d'un pèlerinage effectué dans le Sud de la France, notre moine découvre une méthode pour rendre les vins effervescents. Le champagne que nous connaissons aujourd'hui n'aurait donc pas été créé dans la région éponyme, mais probablement dans le Languedoc ! Une fois revenu en Champagne avec cette méthode, il l'applique aux vins de son domaine. Rapidement, la technique se répand et suscite l'engouement. Autrefois « simple moine » et n'ayant suivi aucune formation scientifique, dom Pérignon devient célèbre pour sa vision, sa virtuosité et surtout pour avoir fait pétiller les vins ! S'éteignant en 1715 après une vie consacrée tant à Dieu qu'au vin, il n'a malheureusement pas eu la chance de connaître les verres conçus spécialement pour cette boisson : la flûte puis la coupe. On dit d'ailleurs que cette dernière a été confectionnée à partir d'un moulage du sein de la sœur de Napoléon Ier, l'envoûtante Pauline Borghèse.

Louis Réard

Comment un ingénieur automobile est-il à l'origine du bikini ?

« Cachez cette peau que je ne saurais voir ! » Depuis la ruée vers la mer au XIXe siècle, il est inconcevable pour les femmes de laisser apparaître une partie de leur corps à la plage. Pour se baigner, elles sont contraintes de porter d'épaisses et d'encombrantes robes en tricot. Mais, en ce début de siècle, les mentalités évoluent et les femmes s'émancipent. Et ces changements sont visibles sur les bords de mer. Ainsi, en 1907, Annette Kellerman, nageuse et actrice australienne ayant toute sa vie milité pour la démocratisation de la nage féminine, écope d'une amende pour s'être baignée dans les eaux du port américain de Boston vêtue d'une tenue de bain sans manches, ancêtre du maillot de bain une pièce. Dans ce pays aux mœurs puritaines, si l'affaire fait scandale, elle a également le mérite d'éveiller les consciences. Il faut néanmoins attendre 1932 pour que la révolution se mette en marche avec « L'Atome », création du couturier français Jacques Heim. Pas de scandale à l'horizon : certes, cette tenue dévoile le ventre, mais son short taille haute cache toujours le sacro-saint nombril.

Au sortir de la Seconde Guerre mondiale, les femmes ont soif d'indépendance ; un homme sent le vent tourner.

Constatant que les femmes retroussent leur short de bain pour optimiser leur bronzage, Louis Réard a l'idée de créer un nouveau maillot. Mais Réard n'est pas couturier, il est ingénieur automobile ! Qu'importe, depuis 1945, il gère la boutique de lingerie de sa mère, à Paris. Il développe alors un maillot de bain audacieux qu'il annonce comme « le plus petit maillot de bain du monde ». Et pour cause ! Constitué d'un soutien-gorge et d'une culotte uniquement reliés par des cordes, il fait l'économie de tissu !

En 1946, Réard présente sa création à la piscine Molitor. Son nom « le Bikini » est dû à l'actualité. Quatre jours plus tôt, le 1er juillet 1946, des essais nucléaires ont été menés dans un archipel perdu de l'océan Pacifique, sur l'atoll de… Bikini ! Louis Réard en est certain, son maillot aura l'effet d'une « bombe an-atomique », ce qui n'est pas sans agacer Jacques Heim qui y voit une extension ingénieuse de son idée de 1932.

Le scandale ne se fait pas attendre : tous les médias s'offusquent de cette tenue, si provocante que la seule femme ayant accepté de le présenter est une danseuse nue du Casino de Paris ! Le Bikini est immédiatement interdit sur les plages françaises, belges, italiennes et espagnoles. Aux États-Unis, on ne veut évidemment pas entendre parler de cette tenue.

Mais en faisant polémique, le Bikini commence à faire des émules. Ainsi, Brigitte Bardot, connue pour son avant-gardisme et son sens de la provocation, l'arbore en 1953 sur la plage en marge du Festival de Cannes. Cette exposition permet au bikini de se populariser rapidement. Il traverse l'Atlantique pour finalement devenir le maillot de bain le plus porté sur toutes les plages occidentales. Si le nom de Louis Réard s'est effacé à sa mort en 1984, son invention s'est quant à elle transformée en marque iconique qui, perdant son « B » majuscule pour une minuscule, s'est faite une place dans le dictionnaire.

Samuel Wilson

Qui est cet homme derrière le personnage emblématique de l'Oncle Sam ?

Si la France est souvent représentée par les traits de Marianne, incarnation de la République, les États-Unis se sont eux aussi choisi une allégorie. La figure la plus connue reste celle de l'affiche de recrutement pour la Première Guerre mondiale : un homme blanc d'une cinquantaine d'années pointe un doigt ferme vers l'observateur, avec ce slogan : « I Want You for U.S. Army ». Plus de 4 millions d'exemplaires sont placardés en 1917 sur tout le territoire pour inciter les hommes à s'engager. Nul n'est besoin de préciser qui est cet homme : grand, mince, barbichette et longs cheveux blancs, habillé d'un costume et d'un haut-de-forme aux couleurs des États-Unis… il s'agit de l'Oncle Sam ! Au contraire de Marianne, figure inventée de toutes pièces, l'Oncle Sam, symbole de la puissance américaine, a quant à lui bel et bien existé…

En 1812, la seconde guerre d'indépendance contre l'Empire britannique fait rage. Les troupes états-uniennes manquent de nourriture. Pour le ravitaillement, le gouvernement américain fait appel à une entreprise du coin basée à Troy, dans le New Jersey, dirigée par Samuel Wilson et son frère. Et qui de mieux que Samuel pour approvisionner l'armée, lui qui durant la première guerre d'indépendance américaine avait servi en tant que boucher et administrateur du garde-manger des troupes ! L'entreprise se voit donc commander une quantité astronomique de viande séchée : 2 000 barils de porc et 3 000 barils de bœuf ! Les barils appartenant au gouvernement américain, ils sont siglés « U.S. » pour « United States ». Très vite, les 6 000 soldats basés à Greenbush plaisantent sur ces initiales et imaginent qu'elles font référence à « Uncle Sam ». La plupart des soldats étant originaires de Troy, ils connaissaient bien Wilson, cet illustre citoyen qui a participé à l'essor de la ville en fondant la première briqueterie du pays. Cette désignation d'« oncle » évoque la bienveillance des aînés de la famille à l'égard des plus jeunes, une véritable reconnaissance pour Samuel.

Si ce dernier est certes grand et mince, il ne porte pas de costume aux couleurs de son drapeau. L'idée d'un tel personnage est présentée dès 1816 dans le livre *Les aventures de l'Oncle Sam à la recherche de son honneur perdu* de Frederick Fidfaddy. Ce n'est qu'en 1877, soit vingt-trois ans après la mort de Wilson, que le caricaturiste Thomas Nast fige définitivement les traits de l'Oncle Sam dans le journal *Harper's Weekly*. Les États-Unis ont connu d'autres allégories telles que « Lady Liberty » ou « Brother Jonathan », mais c'est l'homme à la barbiche blanche qui sera officialisé en 1961 par un vote du Congrès américain comme le symbole de la nation américaine !

Ironie de l'histoire, la fameuse affiche « I Want You for U.S. Army » censée réveiller la fibre patriotique de qui croiserait le regard de l'Oncle Sam est l'objet, encore aujourd'hui, de nombreux détournements : certains en utilisent les codes simplement pour faire rire, d'autres, plus politiquement engagés, s'en servent notamment pour critiquer l'impérialisme américain !

INDEX

Remerciements à Lise Boëll, mon éditrice, à Estelle Cerutti et à leurs fidèles collaborateurs.

DU MÊME AUTEUR

Secrets d'Histoire 8, Albin Michel, 2018.

Le Village préféré des Français, Albin Michel, 2018.

Les Pourquoi de l'Histoire 4, Albin Michel, 2018.

Secrets d'Histoire. La Renaissance, Albin Michel, 2017.

Vallée royale de l'Eure, de Chartres à Rouen, avec Alexis Robin, Sagamédias, 2017.

Piques & répliques de l'Histoire, Albin Michel, 2017.

Mon Luxembourg, un pays à découvrir, (photos : Guillaume de Laubier), Flammarion, 2016.

Secrets d'Histoire 7, Albin Michel, Paris, 2016.

Les Pourquoi de l'Histoire 3, Albin Michel, 2016.

Le Village préféré des Français, Albin Michel, 2015.

Secrets d'Histoire illustrés, Albin Michel, 2015.

Secrets d'Histoire 6, Albin Michel, 2015.

Les Pourquoi de l'Histoire 2, Albin Michel, 2015.

Secrets d'Histoire 5, Albin Michel, 2014.

Les Pourquoi de l'Histoire, Albin Michel, 2014.

Châteaux royaux de France, Albin Michel, 2013.

Secrets d'Histoire 4, Albin Michel, 2013.

Le Bel Esprit de l'Histoire, Albin Michel, 2013.

Secrets d'Histoire 3, Albin Michel, 2012.

Le Destin d'une Reine, Albin Michel, 2012.

L'Histoire du mariage princier, catalogue de l'exposition au Musée océanographique de Monaco, Éditions du Rocher, 2011.

Secrets d'Histoire 2, Albin Michel, 2011.

Secrets d'Histoire, Albin Michel, 2010.

Le Livre Fou... du roi, Flammarion/Radio-France, 2010.

Au cœur de l'Écosse, avec Franck Ferrand, Flammarion, 2009.

Oubliez-moi, Flammarion, 2009.

Une vie de chien, Albin Michel, 2009.

Grace Kelly, Albin Michel, 2007.

Plus belle sera la vie, Plon, 2007.

Un si joli monde, Flammarion, 2006.

Diane de France, la princesse rebelle, Flammarion, 2003.

Mon royaume à moi, Albin Michel, 2000.

Rainier de Monaco et les Grimaldi, L'Archipel, 1999.

God Save the Queen, Michel Lafon, 1998.

Diana, princesse des cœurs, Michel Lafon, 1997.

Moi, Amélie, dernière reine de Portugal, Denoël, 1997.

La Monarchie dans tous ses états, Balland, 1992.

Les Couronnes de l'exil, Balland, 1990.

L'Europe des rois, Lieu commun, 1988.

Composition Nord Compo
Impression CPI Brodard et Taupin en mars 2019
Éditions Albin Michel
22, rue Huyghens, 75014 Paris
www.albin-michel.fr
ISBN : 978-2-226-44170-6
N° d'édition : 20239/01 – N° d'impression : 3033013
Dépôt légal : avril 2019
Imprimé en France